老来有法子

深度曝光
100例最新骗术

快乐老人报

主编

民主与建设出版社

·北京·

©民主与建设出版社，2017

图书在版编目（CIP）数据

老来有法子 / 快乐老人报编. -- 北京 ： 民
主与建设出版社，2017.11
　　ISBN 978-7-5139-1805-3

　　Ⅰ.①老… Ⅱ.①快… Ⅲ.①老年人权益保护—案例—中国
Ⅳ.①D923.85

中国版本图书馆CIP数据核字(2017)第281102号

老来有法子
LAOLAI YOU FAZI

出　版　人	许久文
主　　　编	快乐老人报
责任编辑	王　颂　袁　蕊
特约编辑	曾鹏辉　黄上润　欧阳继霞
校　　　对	尹华智
封面设计	阳　祚
版式设计	刘　思
出版发行	民主与建设出版社有限责任公司
电　　　话	（010）59419778　59417747
社　　　址	北京市海淀区西三环中路10号望海楼E座7层
邮　　　编	100142
印　　　刷	长沙鸿发印务实业有限公司
版　　　次	2018年1月第1版 2018年1月第1次印刷
开　　　本	710mm×1000mm　1/16
印　　　张	14.5
字　　　数	180千字
书　　　号	ISBN 978-7-5139-1805-3
定　　　价	48.00元

注：如有印、装质量问题，请与出版社联系。

让每个人都能优雅地老去

赵宝泉

截至2016年底，中国60岁及以上老年人口超过2.3亿，占总人口的16.7%；65岁及以上老年人口超过1.5亿，占总人口的10.8%。伴随着"银发浪潮"滚滚而来的，不仅有中国社会经济发展和转型的新挑战，还有一系列针对老年人诈骗以及因老年人法律意识不足而引起的纠纷。有人形象地将针对老年人的违法诈骗活动称之为"银发收割"。更有最新调查数据显示，近3成老年人不懂如何维权。

如果以习惯性的思维来分析，我们很容易就把问题归结于老人们法律意识不强，防骗意识淡薄。然而这些银发苍苍的老人们，他（她）们也曾是无所不知、顶天立地的父亲，也曾是无微不至、巧手持家的母亲。但流逝的时光终究洗褪了他（她）们的社会生存能力，拉远了他（她）们与社会主流的距离。而老年生活问题纷繁复杂，各类法律规范又浩如烟海，如何系统性地掌握老年人生活中的各类法律常识及维权技巧，即便对于法律从业者而言亦是一项复杂工程，更何况是老年群体？

2017年2月28日，国务院印发《"十三五"国家老龄事业发展和养老体系建设规划》中指出，加强老年人权益保障法律法规普法宣传教育，深入结合"法律六进"活动，推动普法宣传教育规范化、常态化，强化全社会维护老年人合法权益的法治观念。开展更多适合老年人的法治宣传活动，帮助老年人学法、懂法、用法，提高守法意识和依法维权意识。因此，要扎紧老年人防骗的篱笆，除了在政策保持高压严打态势，更有效的办法是给老人多打防骗免疫针。由国内老年第一纸媒《快乐老人报》主编的《老来有法子》这本书，即汇编整理了公开报道的详细案例，为老年人权益保障提供了非常实用的参考读物。让老年人在现实中遇到类似问题时不再茫然所措，翻开书即可对号入座，参考了解有关法律法规和维权方法。

当然，仅仅靠《老来有法子》这本书，无法彻底解决当前社会中的类似问题。但正如一滴水可以折射太阳的光芒，一本书亦未尝不可撬动全社会对于老龄阶层防骗普法的关注视野。习近平总书记在谈到我国老龄化问题时就曾指出：要在全社会开展人口老龄化国情教育、老龄政策法规教育，引导全社会增强接纳、尊重、帮助老年人的关爱意识和老年人自尊、自立、自强的自爱意识。我们相信，只有全社会都来关注老年人的生存现状，提高老年人的法律意识，才可能让每个人都优雅地老去，才可能让我们的父辈们拥有更幸福的人生。

（作者系快乐老人报社社长）

CONTENTS **目 录**

第一章　电信诈骗

第二章　保健品陷阱

【图】第三章　理财圈套

【图】第四章　其他类型诈骗

第五章　婚恋及家庭纠纷

第六章　消费维权

第七章　意外伤害提醒

第八章　再就业及生活纠纷

第一章

电信诈骗

Dian Xin Zha Pian

1. 购药中手提电脑?
领奖先交税多是骗局

典型案例

2014 年 10 月,广元旺苍县白水镇 62 岁的宋大爷接到一个自称"北京购物公司"的人打来的电话,告知其在公司"返奖"活动中中奖,获得一台价值 5000 元的笔记本电脑,但需支付邮寄费、手续费、个人所得税、公证费、保证金等,要求宋大爷向一银行卡汇款。之后,在"北京购物公司"工作人员的指引下,宋大爷先后 19 次向该银行卡共汇款 28540 元。但宋大爷焦急等待 1 个多月,但仍不见奖品踪影。最后,宋大爷打电话询问,怎料电话却从此再也打不通了。警方后来调查发现,诈骗宋大爷的团伙累计在全国各地诈骗成功 200 多件,涉案 60 多万元。

法律条文:

《刑法》第二百六十六条规定,诈骗公私财物,数额较大的,处三年以下有期徒刑、拘役或者管制,并处或者单处罚金;数额巨大或者有其他严重情节的,处三年以上十年以下有期徒刑,并处罚金;数额特别巨大或者有其他特别严重情节的,处十年以上有期徒刑或者无期徒刑,并罚金或者没收财产。

《反不正当竞争法》第十三条规定,经营者不得从事下列有奖销售:(一)采用谎称有奖或者故意让内定人员中奖的欺骗方式进行有奖销售;(二)利用有奖销售的手段推销质次价高的商品;(三)抽奖式的有奖销售,最高奖的金额超过五千元。

律师解释：

举行所谓的抽奖、中奖活动，是商家进行商品销售宣传常用的方式之一。最新的调查研究结果显示，在所有的网络中奖信息中，绝大部分都是骗子所设的骗局，并没有正规的商家参与其中。

这类诈骗常常是利用事主投机致富的侥幸心理，借助网络、短信、电话、信件等媒介为平台发送虚假中奖信息，继而以收取手续费、保证金、公证费、邮资、税费为由骗取钱财。中奖诈骗，骗子所称的奖品多为手提电脑或手机。

中奖并非全不可信，但要区分真假善恶。异地中奖最可疑，需先设法查实再作决定。根据有关规定，中奖公证一般在开奖单位开奖时即介入，公证费也应由该单位支付；现金奖一般由开奖单位从奖金里先行扣除有关税费后将余款交中奖人，同时还应当将完税凭证等一并交付；对实物奖品，中奖人也可要求开奖单位先行代缴税费，再凭有关完税凭证向中奖人追索。所以，索要公证费、个人所得税费的肯定是骗子无疑。

针对网络中奖信息，国家早就已经出台过相关的法律法规。法律中写明，虽然不禁止商家采用这类型的促销方式，但是对于奖金的上限，不得超过5000元。如果消费者在接收到的中奖信息中，一旦发现中奖金额超过5000元，则可基本认定为骗局。

切记：天下没有免费的午餐。一旦发现受骗，及时报警。

 特别提醒：

对于陌生人的电话、陌生的短信一定要小心，不要轻易相信。凡是天上掉馅饼的，感觉是电信诈骗，马上跟当地公安机关联系，或者拨打110咨询一下，让警方给你判断一下是否是骗人的短信、电话。

另外，遇到有关钱的事情，要多与家人商量行事，不要"单打独斗"。

2. "社保人员"骗走老人20万，
要交钱转账多留心眼

**典型案例:**

2016年7月，独居在上海郊区79岁的钱阿姨接到一个电话，对方自称是"北京市社会保障局"工作人员。他告诉老人，国家出台了一个新政策，老年人购买保健品达到一定数额就可报销，最高能报85%。满65岁后，随着年龄增长报销比例也随之增高；不过，要办一张"北京市社会保障局"指定的"银行卡"，办卡交8000元"手续费"。老人动心了，照做。没想到，在随后的两个月里，每隔几天，就会有不同的人打电话来，让钱阿姨补足各式各样的费用，最后，钱阿姨先后支付了20余万元。

法律条文:

《刑法》第二百七十九条规定，冒充国家机关工作人员招摇撞骗的，处三年以下有期徒刑、拘役、管制或者剥夺政治权利；情节严重的，处三年以上十年以下有期徒刑。

冒充人民警察招摇撞骗的，依照前款的规定从重处罚。

律师解释:

冒充社保局工作人员行骗的现象这几年很多，大部分受害者为中老年人。从手段类型看，主要是两种，一种是犯罪分子自称社保局工作人员，以事主有社保补助金未领取、医保报销新政策出台为由，给受害人甜头，从而引诱受害人交钱，或引诱受害人在 ATM 机上按照指令进行操作从而转走受害人现金；二是犯罪分子方称社保局工作人员，电话告知参保人员医保卡透支；如果参保人员不信，还同时还给参保人员提供所谓的报案电话。参保人员按照提供的号码打过去，对方自称是公安刑侦大队的，并告知参保人员的医保卡在外地非法购买大量违禁药品，并涉嫌洗黑、贩毒。如果想证明自己清白就得配合他们工作，不配合就得拘留；随后就告诉参保人员一个银行的"安全账号"，让参保人员把钱全部存入这个"安全账号"。

事实上，不要轻信低投入高回报和无来由的灾祸。无论实施诈骗的借口如何改变，犯罪分子都是通过对受害人制造紧迫感或诱惑力的方式实施诈骗，利用恐惧、紧张、贪婪等心理应激反应进行诈骗。市民遇到此类情况时，一定要向相关部门核实，核实时要拨打 110 或者政府机关公开的联系方式，而不是对方提供的所谓报案号码。社保卡没有透支消费功能，如果参保人员的社保卡或医保卡出现不能正常使用的情况，可以到街道劳动保障服务中心或区县社保分中心咨询。

 特别提醒：

除了冒充社保局工作人员，近些年，冒充公检法人员、电信公司人员、自来水公司人员、银行工作人员，甚至还有冒充医生、亲朋好友等的骗子也不时出现。在遇到要交钱或转账等情况时，一定要多个心眼。

对付这种冒充类骗局，采用"三不"原则：不轻信，不转账，不上当。"不轻信"是指，公安、检察、法院、金融等部门电话根本不能直接转接；公安、法院等从来不会采取打电话的方式办案。"不转账"是指公、检、法系统不会设立所谓的"安全账户"，更不会用电话通知的方式让老百姓转账。"不上当"是指对"000"开头的国际网络电话要谨慎接听；接到自称电信公司工作人员、燃气公司工作人员、银行工作人员催费的电话时，可以拨打电信公司、燃气公司、银行等单位的官方对外电话咨询，一定不要拨打这些人提供的电话，也不要相信所谓的转接电话；遇到自称是医生或亲朋好友要钱的电话时，可以与家人商量，或直接拨打医生或亲朋好友的电话求证。

3. 改签机票被骗 19 万元，400 开头电话莫轻信

 典型案例：

2015 年 12 月，包先生因为生意需要，在网上订了一张上海飞往内蒙古的机票，次日就要起飞。结果在当天下午他收到了一条短信，里面有包先生详细的个人订票信息，并称由于飞机机械故障航班取消，想要退票或改签，请拨打号码为 4000722031 的客服电话。

包先生担心无法及时赶到内蒙古，想也没想就拨打了这个电话。"客服"告知包先生，改签要去银行操作，包先生按要求操作，在"客服"的指导下，ATM 机的界面会进入英文界面，一番操作后，包先生收到所谓的"退款验证码"，并按"客服"要求逐一输入。几分钟后，"客服"会打电话过来称，退款因系统验证失败没有操作成功，要再次进行或者换卡。如此，十几分钟后退款还没有到账。包先生傻了眼，立即查询自己的账户，发现自己的农业银行卡和两张邮政储蓄卡上，共计被人转账 19 万余元。

法律条文：

《刑法》第二百六十六条规定，诈骗公私财物，数额较大的，处三年以下有期徒刑、拘役或者管制，并处或者单处罚金；数额巨大或者有其他严重情节的，处三年以上十年以下有期徒刑，并处罚金；数额特别巨大或者有其他特别严重情节的，处十年以上有期徒刑或者无期徒刑，并罚金或者没收财产。

律师解释:

犯罪嫌疑人有时会通过在网络上购买旅客信息，如航班号、姓名、身份证号码以及订票时所使用的手机号码，向旅客的手机发送包含真实乘机信息的诈骗短信，谎称航班不能正常起飞，若退票、改签则需与虚假"400客服"联系。诈骗团伙组织严密、分工明确。犯罪嫌疑人通常一个月就更换所用作案"400电话"等通讯工具，并转移作案窝点。

诈骗过程中，整个诈骗团伙通常会有丰富经验、非常健谈的"客服"人员，他们根据诸如让乘机人订购特价、低价机票，退票、改签等多种理由，按照预先编好的诈骗剧本进行"专业"解答，诱使被害人在电脑登录网银或在ATM机上按照其提示操作。诈骗得手后，犯罪嫌疑人为了防止涉案账户被冻结，往往会进行多次转账，在"拆整为零"后立即派取现成员，在ATM上取款或者用非法购买的POS机套现。

旅客在出行过程中，要通过正规渠道办理订购机票、退改签机票等手续，接到疑似诈骗电话或短信时，应立即拨打航空公司的官方电话核实，尤其是对方要求向指定账户汇款时，千万不要汇款。

 特别提醒:

骗子会利用以"航班被取消"、"身份证信息不实"等理由，以缴纳手续费或核实身份信息保证金等名义，诱导出行旅客在ATM机进行转账、汇款。当收到这类电话时一定要向航空公司和火车站询问航班和车次情况。火车票改签、退票只能通过12306网站、12306客户端或者到车站窗口办理，并没有所谓的改签电话。

需要指出的是，正规企业"400"电话一般只作为被叫使用，而政府机关则不会使用"400"电话作为服务热线，所以接到以"400"开头的号码，不是广告推销电话就是诈骗电话。

4. 大妈电话买了9万元廉价藏品，"高价回收"是陷阱

典型案例：

2016年4月，山东东营河口社区居民李大妈在家中接到一名自称是山东省收藏协会下属单位工作人员男子徐某的电话，询问李大妈是否有收藏品。恰巧，李大妈就有收藏工艺品的爱好。交谈中，徐某声称他们单位可以对李大妈家中藏品进行鉴定并高价回收，但前提是李大妈必须交2990元会费成为他们的会员，成为会员还能获赠纪念反法西斯战争胜利70周年印章一枚。李大妈动了心，答应入会。随后，徐某要了李大妈的通讯地址，并告知将通过快递将印章寄出，并提示她签收时，一并把2990元钱入会费交给快递人员即可。几天之后，李大妈果然收到了一枚制作精美的纪念反法西斯战争胜利70周年的印章。这下李大妈更加坚定了自己入会的决心，当即拿出2990元交给快递人员。就这样，在接下来的一段时间，徐某隔三差五就会给李大妈打电话销售藏品。高额回报的承诺让李大妈又先后花费了9万余元，通过货到付款的方式，相继购买了青玉印章、黄龙玉和至尊双喜玉等印章数枚。但是，徐某之前声称的上门高价回收藏品的承诺却迟迟没有兑现。后来，李大妈再拨打徐某电话却始终是关机状态，9万多元买回的东西经鉴定都不值钱。

法律条文：

《关于办理电信网络诈骗等刑事案件适用法律若干问题的意见》第二条第（一）项规定，电信网络诈骗财物价值三千元以上、三万元以上，应当分别认定为刑法第二百六十六条规定的诈骗"数额较大"、"数额巨大"。

诈骗数额虽难以查证，但查明发送诈骗信息五千条以上、拨打诈骗电话五百人次以上的，或者在互联网上发布诈骗信息，页面浏览量累计五千次以上的，应当认定为"其他严重情节"，以诈骗罪（未遂）定罪处罚。

 律师解释：

这种通过电话进行推销的往往是团伙公司化运作、分工精细，有人管打电话骗，有人管物流快递物品，还有人管培训新人电话该怎么打，忽悠该怎么弄。他们的电话号码是哪里来的呢？要么就是随机乱打，要么就是精确轰炸。

精确轰炸的号码来源有两个，一是通过一些渠道获得信息，比如通过医院、药店获得患者信息，从而推销假药或假保健品，通过收藏协会的人获得收藏爱好者的电话从而推销所谓的收藏品；另一个渠道是"钓"——诈骗团伙会在各地的小报小刊上刊登各种眼花缭乱的医疗广告、收藏品广告，说可以免费提供医疗信息、收藏品信息，骗一些人来电来信索取，然后号码就会被记录下来，隔一段时间之后，就开始"精确"下套了。

目前，这类电信诈骗涉及的物品，以药品、保健品、收藏品、酒居多。对付推销类的电信诈骗，一是要把钱守紧点，花钱时多留个心眼；二是可以下载一些安全软件，比如腾讯手机管家，这类安全软件可以拦截不少骚扰诈骗电话；当接到陌生来电时，用户可直接通过来电界面显示的"骚扰电话"、"广告推销"等标识，一眼识别陌生来电目的。

 特别提醒：

一些时候，骗子会利用改号软件将自己打给受骗人的电话，伪装成一些大公司的官方电话，比如有骗子通过改号软件将自己的电话号码改成"10000"号，向电信用户推荐便宜的苹果手机，所以接到所谓的官方电话也不要轻信，最好用自己的手机拨打相关官方电话核实。

5. 陷"手机银行升级"骗局损失9万，最好安装手机安全软件

 典型案例：

2013年11月，浙江嘉兴南湖区的蒋女士曾收到了一条这样的短信："尊敬的客户，工行提醒您的手机银行即将失效，请登录XX网址，系统将自动进行电子手机银行升级……"短信来自106xxxx95588，她一看就信了，因为自己的确有张工行的银行卡，且工行客服号码就是95588。蒋女士随即登录了短信中的网址，进入后发现首页有"工商银行"字样，并在极为醒目的地方显示"电子银行升级入口"，蒋女士点击进入，根据网站引导，填写了银行卡卡号、密码、身份证号码及存款数额等信息后，出现了"升级成功"的提示，为确认手机银行是否升级成功，她随后到位于斜西街的工行嘉兴总行进行查询，意外地发现卡上的9万余元余额不翼而飞。

法律条文：

《最高人民法院、最高人民检察院关于办理诈骗刑事案件具体应用法律若干问题的解释》第二条规定，通过发送短信和拨打电话或者利用互联网、广播电视、报刊杂志等发布虚假信息，对不特定多数人实施诈骗的，达到一定数额标准的，酌情从严惩处。

《关于依法办理非法生产销售使用伪基站设备案件的意见》规定，非法生产、销售、使用伪基站违法犯罪行为，可依法以非法经营罪、破坏公用电信设施罪、诈骗罪、虚假广告罪等8项罪名追究刑事责任。

律师解释：

这类电信诈骗是骗子发送了带有木马病毒链接的短信，不少是通过伪基站发送的。受害人点击网址链接后，病毒程序被植入手机，盗取事主绑定的银行卡账户、密码等信息。骗子盗取钱款一般是通过银行转账再套现实现，或者通过第三方支付平台以红包转账的方式转走，还有一小部分通过网上购物消费。

木马病毒链接是在被点击的情况下植入事主手机，如果不点击，就不会植入。当下，因为170、171号段的手机号是虚拟运营商经营的，使用成本较低，被不法犯罪分子利用的几率较大。事主在收到这些号段发送的短信链接千万不要点击。还有一点就是，银行发出的正规的短信，是不会含有任何链接的；也就是说，银行正规短信内容只是告知，而不会让人直接从短信中进行链接操作。

要指出的是，受害人点击木马病毒链接有一定的判断失误存在，但是，利用短信、电话等导致受害人产生错觉，信以为真，错误地处置自己的财产，只要电信欺骗行为和错误的产生之间有因果关系，即使受害人有一定的判断失误或者过错，也不影响诈骗罪成立。

除了不要点击陌生短信里的网址链接，还要记住这些事项：陌生短信及时删除，不点击、不回复；不要使用手机在不知名的站点随便下载软件，也不要下载不认识或者冷门的手机软件，防止手机中毒；尽量不要使用公共开放的WiFi，不要在免费的WiFi网络下操作手机网银、支付宝等，同时要提防伪基站发来的短信；陌生电话也不回拨。

 特别提醒：

使用手机银行业务的朋友，最好能够安装一些手机安全软件，这些软件会起到检测来历不明、可能有危险的程序和网页的作用。

目前还有一种诈骗方式值得警惕，就是骗子利用银行真实汇款短信通知系统进行电信诈骗的案件。骗子打来电话假装说要买受害人的物品，在汇款页面，骗子故意输入受害人提供的姓名和手机号码，再输入约定的物品金额，最后在输入银行卡号时，嫌疑人故意输错中间一两位，但尾号和受害者提供的银行卡号一致，然后点击转账。这样，银行的系统就会自动给受害者的手机发出一条汇款提醒短信。不过，一般在银行通知短信之后，都会附有相应安全提醒，告知用户该通知不代表已收到汇款款项，需用户以查询银行账户余额为准。但由于受害者收到的是银行真实短信，且内容显示的卡号（首尾号）、手机号、姓名都准确，实际操作中，受害者都以为已收款，便发放了物品。但是，骗子汇出的钱会因为银行最终完成汇款需要经过无差错核对，而无法到达受害人手中。

6. "黑社会"要你破财消灾? 十有八九是诈骗

典型案例:

家住山东东营胜利油田胜东社区的退休职工张师傅,2016年3月的一天,向一个厂家邮购了一盒价格1998元的蜂胶制品。货到付款后,张师傅每日服用。不料,几天后一个陌生电话打过来,一外地口音男子自称是"黑社会老大",说厂家不小心发错货了,将4998元一盒的一级品蜂胶当做三级品邮寄给了张师傅,让张师傅补交货款。张师傅欲退货,"黑老大"却勃然大怒,用威胁的口吻说:"别给你脸你不要脸!如果货款不补齐了,三天之内就派人找到你家去,到时别怪我不仗义、不人性,不卸掉你和你家人一条胳膊、一条腿,我就不在这边混了……"张师傅听后胆战心惊,把3000元汇入对方账户。直到6月2日晚,滨东派出所民警在协查一起敲诈勒索案件时,几经周折找到了受害人张师傅,张师傅这才如梦初醒方知被骗。

法律条文:

《中华人民共和国刑法》第二百七十四条规定:敲诈勒索公私财物,数额较大或者多次敲诈勒索的,处3年以下有期徒刑、拘役或者管制,并处或者单处罚金;数额巨大或者有其他严重情节的,处3年以上10年以下有期徒刑,并处罚金;数额特别巨大或者有其他特别严重情节的,处10年以上有期徒刑,并处罚金。

《最高人民法院最高人民检察院关于办理敲诈勒索刑事案件适用法律若干问题的解释》第一条:敲诈勒索公私财物价值二千元至五千元以上、

三万元至十万元以上、三十万元至五十万元以上的，应当分别认定为刑法第二百七十四条规定的"数额较大"、"数额巨大"、"数额特别巨大"。

 **律师解释：**

冒充黑社会行骗一般分五步走：第一步，通过网上购买的个人信息，告知受害人"我晓得你的底细""我在跟踪你"；第二步，编造挑衅借口或寻仇剧情，告知受害人得到了不义之财，或得罪了人，对受害人进行初步恐吓；第三步，转变话锋，试探受害人是否已经入戏，是否有出钱消灾的可能；第四步，加强恐吓力度，骗子通常会编造一个听起来够凶够狠的绰号，同时放出刀尖舔血、白刀子进红刀子出之类的狠话，通过语言暴力升级，进一步恐吓受害人；如果发现受害人在语气中已经出现了惶恐，骗子就会进行诈骗的第五步，提出索要辛苦费，破财免灾。

根据公安部刑侦局统计，冒充黑社会诈骗的犯罪嫌疑人几乎全都来自河北丰宁，手法也都是模仿东北口音，冒充东北黑老大，此类诈骗电话出现的时间通常集中在上午。

身正不怕影斜，接到这类诈骗电话时，不要慌张，对此类人员不必理会，可选择立即报警。如果对方以伤害亲属威胁时，不要轻信，第一时间与亲属取得联系，提醒注意安全。

特别提醒：

电话诈骗嫌疑人一般是利用受害人一时的恐慌心理来行骗，而且他们将骗局设计得很紧凑，不给受害人思考的时间，一旦市民接到电话后稍微冷静一下，或者设法拖延时间，这种骗局便失去作用，因此，接到这种电话应及时报警。市民平时应保护好自己的个人信息，防止因个人信息泄露而引来不必要的麻烦。

7. 女儿QQ被盗老爸中招汇款，
亲友网上要钱千万核实

 典型案例：

广州老人梁先生一天下午收到女儿QQ发来的信息，在信息中，"女儿"告诉他，因为自己的老师过几天要从国外回来，老师急需一笔钱，自己账上没那么多，要他先转一些钱到老师的账户上，等老师回国后，就还钱。梁先生也没有打电话向女儿求证，就直接按照骗子的指引，先后多次向骗子账户汇款，总共有近20万元。但是，在转完钱后，梁先生打电话给女儿，女儿告诉他根本没那么回事，他才知道自己上当了，赶紧去报案。

 法律条文：

《关于维护互联网安全的决定》第四条第（二）项规定："非法截获、篡改、删除他人电子邮件或者其他数据资料，侵犯公民通信自由和通信秘密的，依照刑法有关规定追究刑事责任。"

律师解释：

一般来说，盗取QQ号进行诈骗有以下几种方式：一些不法分子通过木马病毒窃取个人QQ号和密码，然后找各种理由诈骗QQ号原主人的网友；二是一些不法分子通过木马病毒窃取企业QQ号和密码，从聊天记录中分析企业老板的QQ号码，然后"克隆"其头像和昵称重新注册新QQ号，再伺机与企业会计、出纳等工作人员进行联系，假冒老板身份，以急需用钱为由实施电信诈骗。

除了 QQ 号，不法分子也盗取微信号进行诈骗。近年来，警方接报多起通过手机微信冒充亲友借钱、充值、转账的诈骗案件。此类案件中，犯罪嫌疑人首先通过黑客手段大量盗取 QQ（开通微信）号码，然后对这些微信号码进行观察和筛选，从中选择部分有作案条件的微信号，再利用时间差，乘 QQ 主人不在线时登陆其微信，冒充微信主人的身份与其好友（主要是家人和亲友、朋友）聊天并以各种"急需用钱"、"包红包"等理由骗取钱财。

针对新出现的电信诈骗方式，网民要注意平时不要浏览一些不法网站，经常对电脑进行杀毒，QQ 或微信聊天时，无论是何人以何种理由通过网络要求汇款、借钱等资金交易，都不要轻信，要通过电话等方式反复确认后再办理，以免上当受骗。

 **特别提醒:**

现实中，常发生一些人的 QQ 被盗后，骗子向 QQ 号原主人的亲朋好友行骗，比如，2013 年 4 月，广西女子吴春燕伙同他人盗用吕某 QQ 号码，诈骗了吕某朋友 600 万元。那么，在这样的事件中，QQ 号原主人是否要赔偿呢？根据《侵权责任法》第三十七条第二款规定：因第三人的行为造成他人损害的，由第三人承担侵权责任，管理人或者组织者未尽到安全保障义务的，承担相应的补充责任。QQ 号原主人是否承担赔偿责任，关键是看其在这起纠纷中是否存在过错。作为 QQ 号的主人，负有管理责任，但是网络黑客、盗号者普遍存在，作为一个普通网民，QQ 被盗是时有发生的，甚至说是防不胜防的。QQ 被盗后，原 QQ 主人难以阻止损害事件的发生。所以 QQ 号原主人不存在过错，不应承担赔偿责任。

8. 想贷款两万反被骗六千，"无抵押贷款" 多是诱饵

典型案例：

　　家住云南曲靖的尹先生一天收到一条"提供无抵押贷款 2 万至 50 万，年利率 12%"的短信，发送人自称为张经理。尹先生当时正为自己的生意资金周转而发愁，于是联系了张经理想贷两万元。张先生称他们公司的放款业务是和建设银行合作的，最快 3 天可放款，但尹先生要提供贷款额 30% 的资金作为验资款；尹先生可以在当地的任意建设银行网点办理一张银行卡，然后将验资款打入卡内。张经理告诉尹先生，公司并不用知道他的银行卡号，也不用知道密码，所以资金是安全的。听到这番话后，尹先生打消了疑虑。随后，尹先生办了一张建行卡，又按照对方指示，将银行卡绑定到一个对方提供的手机号码上，并利用该号码开通了网上银行。就在尹先生开通了网上银行后，张经理又告诉他，他的密码最好是设置身份证的前三位数和后三位数。张经理给出的理由是，因为每天到公司来申请低息贷款的人太多，他们需要按照身份信息来打款，并且公司并不知道尹先生的卡号，也不知道他的身份证，所以他的密码是安全的。然而，当尹先生将 6000 元打入新办的卡内，不到几分钟，对方就将钱分两次转走了。尹先生再次拨打张经理的电话，已经接不通了。

法律条文：

　　《最高人民法院、最高人民检察院关于办理诈骗刑事案件具体应用法律若干问题的解释》第二条规定，通过发送短信和拨打电话或者利用互联网、广播电视、报刊杂志等发布虚假信息，对不特定多数人实施诈骗的，

达到一定数额标准的，酌情从严惩处。

《关于依法办理非法生产销售使用伪基站设备案件的意见》规定，非法生产、销售、使用伪基站违法犯罪行为，可依法以非法经营罪、破坏公用电信设施罪、诈骗罪、虚假广告罪等8项罪名追究刑事责任。

 律师解释：

没有告诉对方银行卡号和密码，对方是如何将受害人账上的钱转走的？事实上，犯罪嫌疑人收到受害人打款的短信提醒后，会登录建行手机银行的客户端，输入手机号码，此时会自动弹出卡主的身份证号码。尽管银行对身份证号码进行了部分省略，但显示出来的前四位和后四位足够犯罪嫌疑人获取密码了，从而很轻松地把钱转走。

目前，除了不法分子通过短信发送无抵押贷款信息外，网络上也出现了很多所谓全国联网，无抵押贷款的个人无抵押贷款信息，这些所谓的"贷款公司""贷款集团"均宣称：不限制你在什么地区，也不需要你有任何抵押，只需身份证就可以放款给你，此类信息均为欺诈信息。这类骗局特点是：公司名头大，所谓"诚信集团""xx贷款集团"等，这类公司根本不可能存在，工商部门也不可能允许此类公司名称注册；没有办公地址，也无法提供真实的公司营业执照和个人身份证；广告信息中一般只提供手机号及联系人，通过手机号码查询可看出发布者集中位于国内少数几个省份；放贷条件容易，不需抵押也不需查看收入情况，基本上是一个身份证就可以贷款。

目前，只有极少数银行开通了针对某些地区的个人无抵押贷款品种，而且是按照正规流程：需要到银行面签合同，提供工资卡的银行对帐单等。

 特别提醒：

市面上，也有些小额贷款公司，如果要贷款，请到对方公司进行实地查看，并签订正式合同，并保留对方的公司营业执照复印件和身份证复印件，并辩明真伪（企业真伪通过工商网站查询）；在贷款未到帐前，不要支付任何费用。

9. 扫码拿红包被盗 6 万，
"送钱"红包别随便拆

典型案例：

2013 年 12 月，武汉江夏区的朱女士在网上购物时，卖家告诉她，只要扫一扫二维码，就可以获得 100 元的红包。卖家随后把二维码直接发到朱女士的手机上。朱女士扫描后发现，手机页面只显示出一个"淘"字，并没有红包的界面出现。她心里"咯噔"一下，怀疑自己遇到了骗子，急忙联系卖家，可卖家已经直接下线了。朱女士立即上网查询自己的支付宝余额，谁知支付宝怎么也登不上去，朱女士立即向江夏区庙山派出所报警。后来发现，朱女士余额宝中的 6 万元竟然被盗走。

法律条文：

《关于办理电信网络诈骗等刑事案件适用法律若干问题的意见》第二条第（一）项规定，电信网络诈骗财物价值三千元以上、三万元以上，应当分别认定为刑法第二百六十六条规定的诈骗"数额较大"、"数额巨大"。

诈骗数额虽难以查证，但查明发送诈骗信息五千条以上、拨打诈骗电话五百人次以上的，或者在互联网上发布诈骗信息，页面浏览量累计五千次以上的，应当认定为"其他严重情节"，以诈骗罪（未遂）定罪处罚。

律师解释：

目前，二维码诈骗形式主要有两种：

一是传统电信诈骗穿上二维码马甲。在进行诈骗时，不法分子提供的二维码其实就是下载的一个木马病毒！二维码是网络链接的另外一种体现形式，当打开这个网址就是打开了一个木马病毒的下载地址。这种病毒被下载后，可以自行安装，并不会在桌面上显示任何图标，而是潜伏在手机后台中运行，有关信息就能悄无声息被盗取。

二是在二维码广泛应用的移动支付领域，不法分子多采取"无中生有"或"截和"等手段诈骗。比如一些不法分子制造假冒违章停车罚单、电费催缴通知单等，在上面印制个人收款二维码实行诈骗。还有，一些不法分子将商家收款二维码偷换成自己的，进行"截和"。网上曾传过一个段子，一小偷将数家商店内的二维码偷偷换成自己的，等到众店主发现时，小偷已默默"收"了70多万元。

为了防止类似的骗局，请不要随意扫二维码。举起手机"扫一扫"之前，一定要先想一想，是不是官方或者权威正规的二维码。另外，购物时尽量用阿里旺旺这样的官方聊天软件。这些软件都会有后台监测，如果受害人遇到诈骗等情况，可以及时调取聊天记录，有利于迅速追回损失。

 特别提醒：

微信扫一扫二维码有可能陷入骗局，收取微信红包也有可能遭遇电信诈骗。不少不法分子微信"发红包"实际上也是发了一种木马病毒，只要点击，个人信息和与手机绑定的网银、支付宝就可能会被他人盗走。

请注意，这五类红包千万别注意：需要个人信息（姓名、手机号等）的红包不要碰；分享链接抢红包是欺诈；超过200元的红包不可信；警惕标有"送钱"、"现金礼包"等字样的假红包；拆红包要输密码一定有诈。平时，微信绑定的银行卡不要存入太多的金额，不需要的时候要解除绑定。

10. 无任何操作卡被盗刷，
发现异常马上取证

典型案例：

2017 年 2 月，深圳市民何先生发现，自己手机中的数据存储平台 360 OS 云服务被远程锁定，京东账户在一天凌晨被盗刷。不法分子利用白条消费和信用贷款，把钱款通过银行卡转账和 ATM 机无卡提现窃取，共损失 53000 元。

何先生报案后，经警方、360 和中国移动调查分析，犯罪分子首先掌握了受害者网银四大件（身份证、银行卡号、密码、手机号），通过技术手段盗取了他的手机云服务账号，由于受害者使用的密码较为简单，云服务账号最终被成功登录。之后，犯罪分子利用云服务"短信回复"功能，回复了绑定运营商副号业务的确认短信，使得受害者手机号成为犯罪分子的副号。再利用云服务"销毁资料"功能强迫受害者手机处于离网状态，接管受害者的短信验证码，就此掌握可盗刷资金的关键信息。整个过程都不用和受害者有任何接触，受害者也不需要回复任何短信。

法律条文：

《关于办理电信网络诈骗等刑事案件适用法律若干问题的意见》第二条第（一）项规定，电信网络诈骗财物价值三千元以上、三万元以上，应当分别认定为刑法第二百六十六条规定的诈骗"数额较大"、"数额巨大"。

律师解释：

这是一起依托于个人信息非法交易产业链，结合了手机云服务、运营商副号业务及互联网金融服务的高科技、高智商、跨平台、遥控式的新型电信网络诈骗犯罪。

手机云服务已经是各种智能手机的标配功能，本身是一种便民服务，可以由用户选择备份哪些资料，另外一旦手机丢失，还可以帮助用户远程锁定并销毁资料，避免个人信息泄露。但没有百分之百的安全，用户有关信息泄露或被窃取，不法分子就可以利用各手机品牌云服务、各运营商业务、各银行转账系统之间有关漏洞实施盗刷。

为了保证信息安全，用户在使用云服务时，要注意以下几点：

1. 手机云服务账号要与银行账号、社交工具账号分开，避免使用相同密码。在本次案件中，何先生的所有账户、密码都是一样的，都是弱密码。

2. 云服务账号的密码长度至少要达到 10 位，最好是大小写字母、数字和特殊符号的组合，并定期修改密码。

3. 尽量不要把个人敏感照片、数据上传到云端。

不管是使用云服务，还是平时使用身份证或银行卡时，一定要注意不要在网上公开发布个人手机号、身份证号、银行卡号等重要的隐私信息，以使不法分子伪造银行卡盗刷。还有，银行卡的取款密码也需要定期修改，防止有些机构"内鬼"把银行卡信息泄露到"网银四大件"的不法交易中。还有，处理旧手机、旧电脑等个人电子产品时，利用专业软件将个人信息删除并确保是不可恢复状态。一旦被盗刷，立即报警。

 特别提醒：

现实上，银行卡被盗刷的情况常见，一旦银行卡被盗刷，首先我们要证明卡在自己身上，比如说你可以立即去银行存取一百块钱，然后保存好存取的凭证，这样可以证明该银行卡的确在你的身上，钱是被盗刷的。2015 年 6 月 30 日，河南安阳的徐先生银行卡被盗刷 17 笔，共计 10691 元。就是采用这样的方法，让他在起诉银行时胜诉，法院判决银行赔偿他 70% 的损失。在遇到银行卡被盗刷时，我们要第一时间联系银行冻结相关帐户。

综合《华西都市报》《城市商报》《南湖日报》《广州日报》《武汉晚报》

第二章

保健品陷阱

Bao Jian Pin Xian Jing

1. 轻信"专家"买回假保健品，买前一定要看三项标识

典型案例：

家住内蒙古包头市青山区朝阳小区的张大爷花了近万元购买了一种名为"德通宝"胶囊的调节血脂、血糖的保健品，如今却闲置家中。

张大爷说，有人到小区里宣传一家酒店里有健康讲座，并用车将他和老伴拉到讲座现场，"现场的人说讲座是北京第四军医大学组织的，一个专家给大家讲了些健康知识后推销一种名叫德通宝的保健品，说可有效缓解三高症状"。在工作人员鼓动下，张大爷当时就拿了20盒产品。

因担心吃了不管用，他还和"专家"签了一份协议，上面写着如没有效果，可继续治疗到病愈为止。"我交了9256元，可是钱不够，还差2900元，他们就让我打个欠条，我才把产品拿回家。"

"老伴吃了几天产品后，脖子痉挛的症状更厉害了，我则是一吃就浑身发痒，停用后症状马上缓解。"张大爷说，隔了一段时间，因舍不得浪费这近万元的产品，张大爷再次服用，结果还是一样。他拨打对方留的一个北京的固定电话，但对方不给退货。

张大爷求助媒体后，记者通过国家药监局网站数据库查询，确实有字号为卫食健字(2000)第0573号品牌为"德通宝"的保健品存在，记者随后联系该产品注册的生产厂家：陕西德通留美归国博士医药科技有限公司。记者将张大爷手中的产品描述后，工作人员表示，基本可以认定为假冒产品。

法律条文：

根据《消费者权益保护法》第五十五条规定，经营者提供商品或者服务有欺诈行为的，应当按照消费者的要求增加赔偿其受到的损失，增加赔偿的金额为消费者购买商品的价款或者接受服务的费用的三倍；增加赔偿的金额不足五百元的，为五百元。法律另有规定的，依照其规定。

国家食品药品监督管理总局发布《保健食品注册与备案管理办法》第五十七条，要求保健品名称不得使用虚假、夸大或绝对化，明示或暗示预防、治疗功能等词语。

《消费者权益保护法》第四十九条规定："经营者提供商品或者服务有欺诈行为的，应当按照消费者的要求增加赔偿其受到的损失，增加赔偿的金额为消费者购买商品的价款或者接受服务的费用的一倍。"

特别提醒：

食药监部门提醒，接触相关保健品时，先看是否有小蓝帽和 QS 标志，以及是否有相关批准文号，若无则为"三无产品"，说明商家在欺骗。若对购买的保健食品质量有所怀疑，可记下保健食品批准文号，在国家食品药品监督管理局网站的数据库中查询。

另外，人群中机体间的差异很大，不要相信广告里的绝对性用语，不要轻信张三、李四食用结果如何有效的证言。一些企业很愿意采用个别案例作为普遍现象广为宣传。不要轻信明星在广告里的宣传，不要轻信药店、商场、超市里"穿白大褂"的所谓专家的夸大宣传。

2. 讲师忽悠买两万元口服液，宣传"包医百病"的都别理

典型案例：

家住贵阳市纪念塔附近的王婆婆自从在健身时认识了一群年轻人后，再也没去过附近的健身场所。

一名叫小杨的年轻人对王婆婆尤其照顾，他自称是某养生刊物的发行人员，每天都会给王婆婆养生刊物，并带杨婆婆去听起了"养生课"。

养生讲师口若悬河地给在场老人们介绍所谓的长寿秘籍，并推荐老人们购买的一种保健品。在讲师们的口中，这种保健品就像仙丹一样，没有不能治的病。"您喝了这个口服液，至少能活到一百岁！"讲师们的承诺，让许多老人动了心。在讲师们的各种软磨硬泡下，王婆婆瞒着家人，花了两万元买了两箱口服液，最终被儿子许先生发现并报了警。

媒体记者调查发现，这款所谓的保健品包装印刷粗糙，没有相关批准文号，也没有使用说明书及适用人群介绍等。唯一能够证明其产品属性的，是包装盒上的"蓝帽子"标志，这代表着口服液是保健品，而非包治百病的药品。这样的产品就能包治百病、延年益寿？对此，带王婆婆去听课的小杨坦言："其实没有那么神，这只是一种广告手段。"

"我的底薪很低，老人不买产品我就没有收入。"小杨说，实际上，这款保健品只是在报纸上做广告，然后利用老人对报纸的信赖来推销产品。

法律条文：

新《广告法》第十八条明确规定："保健食品广告不得含有下列内容：(一)表示功效、安全性的断言或者保证；（二）涉及疾病预防、治疗

功能；（三）声称或者暗示广告商品为保障健康所必需；（四）与药品、其他保健食品进行比较；（五）利用广告代言人作推荐、证明；（六）法律、行政法规规定禁止的其他内容。保健食品广告应当显著标明'本品不能代替药物'。"

国家食品药品监督管理总局发布《保健食品注册与备案管理办法》第五十七条，要求保健品名称不得使用虚假、夸大或绝对化，明示或暗示预防、治疗功能等词语。

《保健食品管理办法》第五条规定："凡声称具有保健功能的食品必须经卫生部审查确认。研制者应向所在地的省级卫生行政部门提出申请。经初审同意后，报卫生部审批。卫生部对审查合格的保健食品发给《保健食品批准证书》。获得《保健食品批准证书》的食品准许使用卫生部规定的保健食品标志。"

 特别提醒：

深圳市二医院营养科主任张茂祥特别提醒，任何宣传"包医百病""万能保健"的保健品几乎都是假冒伪劣的东西，需留意产品是否有批准文号和蓝帽子标识，检查保健食品包装上是否注明生产企业名称及其生产许可证号。"要理性、科学对待保健品，并非食用越多越好。均衡饮食才是健康的基石。"

另外，当前许多推销人员都是在老年人居住、活动的场所进行保健品营销，很多老人高价购买保健品，别说发票，就连收据都没有，取证太困难。所以，虽然被保健品公司诈骗的老人很多，但维权成功的很少。全国首个民间老年人防诈骗维权中心负责人、山东新亮律师事务所律师王新亮近年来接触了很多保健品诈骗案例，"少的一年被骗几千元，多的一年被骗十几万元"。在接触了很多保健品诈骗案例后，他渐渐也有了帮助老人维权的"三板斧"：先向媒体曝料、然后找监管部门投诉（可通过向当地消费者委员会、食品药品监督管理委员会投诉进行维权）、最后找证据打官司。

3. 吃 5 万元补硒胶囊没效果，
保健品不是越贵越好

典型案例：

　　家住北京和平里的耿老太太是高价保健品的受害者。80 多岁的她患有眼底黄斑病，参加过一家保健品公司组织的老年人集体活动。很快，健康管理员就推荐耿老太太吃他们公司的补硒胶囊，说能治好耿老太太的眼病。"刚开始我每天吃两粒，不管用，他们又让我吃 3 粒，后来增加到每天 5 粒，我这眼病还是没好。"耿老太太说，这款补硒的保健品可不便宜，每瓶 466 元、60 片，在推销员的忽悠下，她先后买了 120 瓶，已经花了 5 万多元钱。

　　医学专家指出，眼底黄斑病是一种成因很复杂的病，到现在还没有证据表明眼底黄斑病与身体缺乏硒元素有必然的因果关系。而且，人体的硒需求量极低，绝大多数人并不会缺硒，随便乱补导致慢性硒中毒将无药可救。此外专家还指出，466 元一瓶的补硒保健食品存在价格虚高问题。按照国家规定，每人每天补硒不得超过 80 微克，价格仅人民币 8 元而已。

法律条文：

　　《欺诈消费者行为处罚办法》第四条明确规定，作虚假的现场演示和说明，以及利用广播、电视、电影、报刊等大众传播媒介对商品作虚假宣传，属于欺诈消费者行为。

　　《广告法》第四条规定："广告不得含有虚假的内容，不得欺骗和误导消费者。"《消费者权益保护法》第八条指出："消费者享有知悉其购买、使用的商品或者接受的服务的真实情况的权利。"

🔔 **特别提醒：**

　　保健品的价格受到制作成本、营销过程、广告宣传等因素的制约，部分保健品价格虚高，甚至存在着一成成本、二成流通、三成广告、四成利润的不合理现象，所以不一定价格越贵的疗效越好，消费者应该选择性价比较高、适合自己的产品。而随着保健品价格的日趋规范和合理化，消费者选购保健品也逐渐走出"越贵越好"的误区。另外，发现保健品价格明显虚高，可以向当地工商部门进行反映，请求他们依法调查处理。

4. 假义诊骗老人买 4000 元 "药"，真义诊是不会卖药的

典型案例：

2014 年 11 月 17 日上午，福建省龙海市石码镇 82 岁的杨阿婆在某超市门口被 4 个身着白大褂的男女拉着接受义诊。为杨阿婆测量血压后，对方煞有其事地说："您的血压很高，如果不及时治疗会引发脑梗塞、脑溢血，轻者会导致偏瘫，严重者导致死亡。"对方随后又说，武汉来的专家正在某酒店授课会诊，并为杨阿婆叫了一辆三轮车，把她带到酒店听课。"专家"向 10 多位听课的老人介绍了一款"高科技新产品"，称此药可降血压、降血脂、根治高血压，"药效特好"。杨阿婆动了心，在工作人员的陪同下去银行取了 4000 多元钱买了 5 盒药。杨阿婆回家后，儿子发现"专家"配给她的是不过是保健食品，根本不是药，马上报案。

执法人员检查发现，开设老人健康讲座、虚假宣传推销这款保健食品的"医学专家"倪某，只是这款保健品产家的一名普通业务员，在超市门口为老人提供义诊的"白大褂"，则是倪某雇用的 4 个社会闲散人员，都是为了骗老人到酒店听课高价推销保健品的。

法律条文：

根据国家食品药品监督管理总局发布的《食品安全法实施条例（修订草案征求意见稿）》（下称《征求意见稿》）第三十三条规定："以电话、会议、讲座等形式销售食品的，应当依法取得食品经营许可。"一旦会销取得食品经营许可，就会进入执法部门监管的范围。

　　国家食品药品监督管理总局发布《保健食品注册与备案管理办法》第五十七条，要求保健品名称不得使用虚假、夸大或绝对化，明示或暗示预防、治疗功能等词语。

 特别提醒:

　　近年来，一些不法经营者瞄准当今老年人有一定经济基础，渴望身体健康的心理，多以开设健康讲座为名，对一些普通保健品进行虚假宣传。广大中老年人面对义诊和免费健康讲座时一定要提高警惕。规范的义诊一般由本地卫生部门、医疗机构或医学院校组织，大多放在节假日或某些卫生宣传日；地点一般选择在人流量大的广场、人口密集的小区或医疗机构附近；且真义诊不会现场售药。而假的义诊活动大都是为推销某类药品或保健品做铺垫，到场的老人不管身体是否存在问题，最终的体检结果几乎相同。居民如果发现在场体检的人士检验结果相近时，就要提高警惕。

5. 买保健品送原始股？
小心非法集资套路

典型案例：

深圳市民陈先生的父亲2017年4月听到一个好事情，去一个名为"华夏老年网"的公司听个讲座就可以得到许多赠品。在讲座上，主讲人跟老人介绍如何一手抓健康，一手抓财富。其中，这"一手抓健康"说的就是他们所推荐的保健品海参多肽营养粉。陈先生的父亲听完讲座之后，一次性买了5份，每份2980元，总价近15000元。

陈先生发现父亲买了保健品后，便怀疑这是个骗局，于是带着父亲和媒体记者一起来到"华夏老年网"公司。公司内只有3位工作人员，在核实陈先生身份后，对方称可以退款，但不能现场退。从买产品到退款，陈氏父子都没有看到产品。这家公司称，他们推销的保健品不是他们自己的，他们只帮忙推销。在他们所说产品的公司官网上，记者没有找到名为"海参多肽营养粉"的产品，而类似的产品，在淘宝上的价格不过一两百块钱，远远不需要2980元。

差价那么远，跟陈先生父亲同去的老年人为何还愿意花高价买产品呢？原来，那是因为公司的培训人员告诉他们，每买一份保健品都可以得到同价值的原始股。最后这股票能不能分到保健品消费者手中，不得而知。

特别提醒：

这种买保健品获得原始股、分红、补贴等套路已经屡见不鲜。2015年，沈阳万通国际集团公司虚构上市信息，擅自发行股票，以配送原始股为饵，高价销售保健品、饮水机等产品，非法吸收公众存款。3096 名群众参与购买万通集团股票 1244 万股，涉案 1.3 亿元。

不良商人把目光盯向老人的养老金，承诺购买一定的保健品，可按天或按月给予老人高回报，将老人的钱收集到手里后再拿出去搞投资。不仅如此，不法经营者销售保健品时还大打补贴牌。"买保健品国家给补贴，买的越多补贴越多，货到付款不用担心！"先以买保健品得补贴为由头，将药品寄给老年人，之后进行诈骗。提醒大家：天上没有免费的馅饼，而在保健品的问题上陷阱颇多，遇到往外掏钱的事一定要三思而后行，多和儿女商量下才好。

6. 领几个鸡蛋买五万元产品，吃"免费午餐"小心"鸿门宴"

典型案例：

随着儿孙逐渐长大成人，山东德州 80 岁刘女士的晚年生活慢慢平淡了下来。"听说有一个讲座，去了就能免费领取鸡蛋，你看张大妈昨天就领了。"在朋友的推荐下，刘老太第一次走进了保健品公司的大门，从此上了瘾。

每次参加讲座，只要进门的时候留下姓名和电话号码等资料，讲座结束以后就能领取免费礼品。最少可以领取 5 个原生态土鸡蛋或两包五谷杂粮面条，多的时候能够领取 30 个鸡蛋，外加锅碗瓢盆毛巾香皂等生活用品。虽然礼品价值不高，但对于刘女士这样生活节俭的老年人来说，无疑是巨大"红利"。

刘女士每天简单吃过早饭后，便急急忙忙地出门去保健品营销公司举办的"健康讲座"开会。吃过午饭，她还要抽时间到该公司，体验免费的电疗椅，"跟年轻人上班一样，每天去报到"。在讲座的过程中，有人会向会员们推荐公司的保健品，宣传公司的"养生理念"。"人家讲座的都是专家、教授，他们上过电视和报纸，他们介绍的药品我也曾经吃过、用过，确实有用。"从语气里可以听得出来，刘女士对这些"专家"推荐的产品深信不疑。女儿介绍，目前，刘女士为保健品已至少花去 5 万多元，"都是从养老金里支取出来的"。

法律条文：

《欺诈消费者行为处罚办法》第四条明确规定，作虚假的现场演示和

说明，以及利用广播、电视、电影、报刊等大众传播媒介对商品作虚假宣传，属于欺诈消费者行为。

 **特别提醒：**

随着老人的警惕性提高，一些保健品营销的招数也在变化，但万变不离其宗，比如打"免费牌"吸引老人上钩。

保健品公司在先期推销时通常采取发放免费日用品、赠送药物、免费旅游等方式，放长线钓大鱼，给老年人制造不花钱就能看病、得实惠的假象。甚至有的企业打出送 100 个鸡蛋的口号：第一次领 10 个鸡蛋，第二次带人来给 20 个鸡蛋，第三次 30 个，第四次 40 个……以此"套牢"老年人。据保健公司称，一个顾客被成功转换，只需要 52.7 元钱。而一些保健品销售现场的火爆景象，其实是精心策划的营销噱头。骗子利用各种头衔对自己进行包装，然后夸大产品效果，运用"送礼物""返利"等手段引诱老年人掏钱购买。一些老年人贪图便宜参加活动，随后就会以"温水煮青蛙"的方式上当受骗。提醒老年人，不要有贪便宜的心理，否则很难挣脱那些人的套路。

7. 被虚假孝心忽悠肝病恶化，"比儿子还亲"全是套路

典型案例：

山东烟台的退休教师黄先生每天早晨都会到附近的公园打太极拳。一天早晨，他刚打完太极拳，就听有人在旁边鼓掌喝彩："好！"黄老师这才注意到，不远处站着一个帅气的小伙子。小伙子称赞道："您打得真好，刚中带柔，柔中蓄刚，看了真是一种享受！"交谈中黄老师得知，小伙子姓张，是一名健康讲师，正针对老年人搞一个有关蜂胶产品的市场调查。黄老师十分配合地为小张填了一份调查表，分手时两人相约有机会再聊。

几天后，小张便时不时打电话，还提着水果上门拜访，顺便推销他们的蜂胶胶囊。"我们的产品能抗病毒、预防肿瘤、增强抵抗力，您用了要是觉得好，帮我们宣传一下就行！"黄先生高兴得满口答应。两人聊了一会就到饭点了，黄先生执意留小张一起吃饭。小张稍作推辞，便挽起袖子进了厨房，三下五除二做了几个菜。吃完饭，小张又帮黄老师打扫了厨房卫生。黄老师对小张的勤劳赞不绝口。

这以后，小张成了黄老师家的常客，帮他做饭、拖地、擦玻璃、修电器，陪他拉家常解闷儿，按黄先生的话说，"比儿子还亲"。这期间，黄先生也成了小张的固定客户，半年内买蜂胶花去数万元。蜂胶产品他没吃出什么效果来，但小张给他带来的亲情温暖，让他难以割舍。不仅如此，他还热心地给小张介绍新客户，直至儿子知情后向当地媒体曝光。

特别提醒：

表面上看，在以亲情为幌子的保健品营销过程中，买卖双方你情我愿，并没有什么不妥，而且不少老年人有了"亲情"滋润，消除了孤单寂寞，获得了快乐，似乎是两全其美的好事。然而事实却并非如此。一些老年人会渐渐"迷恋"上这种虚假的"亲情"，偏听偏信，像吸毒上瘾一样无节制地把金钱花在购买保健品上，甚至因此陷入养生误区，非但不能保健，反而会在花费大量金钱的同时影响健康。只有每一位老年人都擦亮眼睛，保持理性，不轻信，不盲从，才能真正让"亲情营销"绝迹。

8. 买保健品免费游港澳？
低价购物团骗你钱而已

典型案例：

2015 年元旦刚过，家住上海的老潘听人介绍，说有家生物科技公司只要买他们销售的保健品，便送港澳游。老潘心动了，去参加了该公司组织的"推介"活动。一位女经理向大家介绍说：公司销售的保健品非常好，有的可治"三高"；有的可安神、减压、调气、通三理、医心病；有的能释放负离子、远红外、硒、磁场等能量，对腰椎病、高血压、心脑血管病、酸性体质的人效果尤佳……只要购买 3960 元保健品，公司就赠送港澳游。

经过一番鼓动式介绍，老潘当场购买了保健品，等待享受港澳游。老潘说，他尽管觉得保健品不值这些钱，但想到能免费游港澳，也就算了。

然而没想到，接下来的港澳游全程都是购物，车行途中导游也一直不停地推销。但因为是老年团，购买力并不强。因为之前没人告知是"低价购物游"，所以老人们带的钱都不多。因为购买力不够，多次遭导游辱骂。老潘后来得知，他买的四样保健品加起来，最多不超过 1000 元。负责老潘他们港澳游的旅行社表示，生物公司只给了旅行社几百元，地接社必须不停地让游客消费，才能从中赚取佣金。

特别提醒：

老潘的遭遇是先让你掏钱买下保健品，再送你看似价值不菲的"出境游"，但事先并不告知是"低价购物团"，这就很带有欺骗性。老人们会想：即使保健品值不了这么多钱，但游一趟港澳花个三四千元还是需要的，欣然掏钱之后，便落入了无良商家的推销圈套。

在保健品推销术中，还有免费游的形式，把老人们拉出去游玩。在游玩期间老人们觉得欠下人情，失去日常消费中审慎的态度。而推销员利用消费者这种"拿人手软，吃人嘴短"的心理，借机夸大宣传自己保健品的功效，由于其他人也会购买，当事人在从众心理之下，难免全盘相信经销商的宣传功效而当即下单购买。

"现在很多保健品企业都打着免费旅游的旗帜，看似关心老年人的退休生活，实际上瞄准的是老年人的钱包，真正目的是让他们花钱。"对此，中国旅游热线联盟秘书长朱渭秋指出，"免费旅游，看上去很美，但如今显然已成各路'骗子'竞相捞钱的新途径。"

9. 信"专家配方"不就医，很多广告里都是假专家

典型案例：

福州市80多岁的李先生患有严重的糖尿病并发症，但他不愿意就医服药，而花去十几万买保健品，只相信"专家配方"。

李先生的老伴魏女士说，李先生刚退休那阵子有血糖偏高的毛病，只要街上有人派发养生讲座的传单，他都积极去听，对讲座上"专家"传授的治病秘方深信不疑，家人只要对保健品的功效说一句质疑的话，他就生气。

2016年6月，李先生看到一本《二万五千里长征路上的糖尿病秘方》，封面印有"首次揭秘为党和国家领导人防治糖尿病的秘方"的宣传语，又决定买书里的秘方——同仁堂降血糖胶囊。随后有声明称，此书封页上标注的中华糖尿病协会推荐丛书是假的，而且涉嫌冒用北京同仁堂的名义。

而此时，李先生的脚背和小腿都发黑了。魏女士说，这是糖尿病并发症，但他从来不肯去医院，却相信讲座上帮他测的血糖指标，相信那些"专家"吹这些保健品疗效。"他们忽悠他说血糖指标稳定，保健品有疗效。"

法律条文：

根据《消费者权益保护法》第五十五条规定，经营者提供商品或者服务有欺诈行为的，应当按照消费者的要求增加赔偿其受到的损失，增加赔偿的金额为消费者购买商品的价款或者接受服务的费用的三倍；增加赔偿的金额不足五百元的，为五百元。法律另有规定的，依照其规定。

特别提醒：

为了宣传保健产品的效果，讲座人往往被冠以国家高级营养顾问、军医老专家等各种头衔。为了让老年人对产品深信不疑，讲座者在宣传方面大做文章，为产品销售做足铺垫。而这些所谓专家，有的只是卖保健品的店主，有的是一些推销员，他们穿上白大褂大肆忽悠老年人。经过一番包装，"大忽悠"变成了"大专家"。这些骗子经常凭空捏造出一些病症，吓唬老年人自掏腰包买高价保健品；或者宣称有些方法可以令某些疾病从此根治。

如果您掌握此类活动的录像证据，可向 12315 投诉举报中心举报，同时建议老年人到正规药店购买保健品。

10. "北医大专家"卖保健品？
小心挂羊头卖狗肉

典型案例：

2009 年 12 月，几名自称北医大科技健康中心的工作人员在福州街头向老年人发放"北医大爱心健康普查卡"，邀请郭大爷做免费健康体检，卡片上的图片背景是北京大学医学部。第二天，他和老伴来到福州市中心某宾馆做免费体检。

"专家"对他做了检查后，立即说他身体指标有几十项不合格，心电图紊乱，血管严重堵塞，随时都有可能死亡，老伴情况也十分严重。老两口被吓坏了，于是就向专家讨教。专家立马开出药方：22 瓶海参王浆胶囊、12 瓶虫草牡蛎胶囊。

在"专家"的游说下，老两口被推上会议室的台上，几名工作人员宣布他们购买了 17856 元的药，以此怂恿其他的老人购买。回到家后，郭大爷老伴停掉原来的高血压药，改吃这些保健品，不到两个月就犯心脏病，差点没了命。媒体记者调查发现，所谓的北医大专家不过是烟台北医大生物科技发展有限公司的经销商。工作人员说："我们说的'北医大'是公司的简称，和北京的'北医大'没有任何关系。"

法律条文：

《欺诈消费者行为处罚办法》第二条规定，欺诈消费者行为是指经营者在提供商品或者服务中，采取虚假或者其他不正当手段欺骗、误导消费者，使消费者的合法权益受到损害的行为。

特别提醒：

　　打着同样旗号的"北医大专家"，在四川、甘肃、重庆、贵州等地以类似手法，欺骗老年人买高价"药"，也曾被曝光。此外，保健品市场上还存在着另一类挂羊头卖狗肉的现象，比如，各种造假的参"冒名"药用价值极高的野山参，以原价的若干倍叫卖。

　　综合《包头晚报》《贵州都市报》《北京青年报》《闽南日报》《解放日报》《福州日报》《海峡都市报》

第三章

理财圈套

Li Cai Quan Tao

1. 投资商铺 1300 人被骗千万，
高额回报须警惕

典型案例：

　　2011 年 4 月一天，家住山西太原 65 岁的王美凤锻炼时，一个操着家乡口音的男子走过来与她搭讪。这个"甘肃老乡"告诉王美凤，自己是太原市九州农副产品批发市场有限公司（下简称"九州公司"）的业务员，公司正在建设当中，要招商引资，投资后可获得高额回报。"老乡"还专门带着王美凤和老伴到公司所租的办公室，并带领他们参观了九州菜市场。王美凤老两口最终将 10 万元养老钱投资到九州公司。根据合同约定，王美凤可获得一个商铺委托经营权 6 个月。经营权到期后，九州公司返还王美凤 10 万元，还能获得 20% 的利息。然而，王美凤分别于 2012 年 3 月 17 日和 8 月 30 日各收到 1 万元利息后其余的都没拿到。王美凤赶到公司，却发现大门紧闭，她这才意识到被骗了，赶紧报警。经查，导演这场骗局的主要负责人李某、毕某等人，因涉嫌非法吸收公众存款罪被批准逮捕。截至 2013 年 4 月，非法集资合同金额共计人民币 7821.93 万元，涉及 1300 余人。

🔔 特别提醒：

　　在高利息、高收益、高回报的背后，"名为销售房产、实为借钱融资"存在较大风险，不少所谓的"理财产品"实质是设局欺骗投资者。

　　如假资质，多数房地产公司、养老公寓经营企业根本没有向公众公开发售理财产品的相关金融牌照。还有假合同，在不少案件中，开发商的合同、预售证均造假。还有一些"理财产品"利用投资者不了解法律法规，宣称以住房、商铺、车位等不动产作为担保物，"还不上钱就给你现房"，但实际上受害者往往根本无法取得产权。

太原市万柏林区检察院公诉科副科长路向东介绍，该案件中受害人多为老人，主要有两方面原因：一是老人有大量空闲时间可自由支配，而且非法集资者经常搞一些有吃有玩有赚的活动，让老人时不时得到一些小恩小惠，无形当中就中了不法分子的圈套；二是老人经不起高额利息的诱惑，还多少有点积蓄，这就给不法分子提供了机会。

如何预防上当受骗呢？路向东说，老人如果遇到不认识的人以高额回报做诱饵宣传时，要提高警惕；遇到问题时，应主动和子女们商量，必要时多咨询一些法律人士。

2. 黄花梨投资 1 万月赚两百？林权转让非法集资多

典型案例：

2016 年 7 月以来，广州越秀警方收到多名事主报案，称被贵州汇 × 林业开发有限公司（广州分公司）以投资黄花梨种植和林权转让项目的名义骗去钱财。调查发现，上述公司在 2015 年 4 月租用广州市中山六路某高档写字楼作为办公场，一直以打电话或临街派发宣传单张的方式，邀请中老年人到公司观看公司宣传视频、听取投资讲座，并派发一些小礼品。

他们声称公司在贵州省罗甸县拥有 3 万亩的林地，主要种植名稀木材黄花梨，发展前景非常可观，游说参加活动的中老年人参与投资，声称每投资 1 万元可获取每月按 2% 的利息即 200 元的收益，并承诺在一年后返还本金；如果公司成功上市，投资的本金不取回还可以作为原始股参股。

据初步统计，共有 200 多名中老年人参与了投资，涉及投资金额 2000 多万元。多名事主反馈，投资款项后，收到几期利息后公司就再不支付本息了。经查，4 名嫌疑人供认，他们合伙利用投资种植黄花梨和林权转让的形式向社会上的中老年人吸收所谓的投资款并从中进行提成，获取暴利。

特别提醒：

以转让林权并代为管护等方式非法吸收资金的行为是非法集资犯罪的常见形式之一。投资人务必要在股权认购前明确以下几点：

1. 充分知晓国家林权政策。不能以林权转让作为纯粹的金融融资手段。如果有造林公司以"托管造林"名义向社会公众募集资金，投资人在决定出资认购前须谨慎考虑。

2. 实地考察造林情况。购买外地林地，投资者一定要定期前往林地，察看实际经营管理及造林情况，防止造林公司利用信息不对称，诱骗投资人出资，实施犯罪行为。

3. 谨慎将手中林权置换成股权。当林业公司以在境外上市为名，提出要以上市公司股权置换投资者手中林权时，务必慎重考虑，同时要充分调查该公司在境外上市真实情况，防止不法分子弄虚作假、设套欺诈，侵害自身合法权益。

3. "联合种灵芝"非法集资 41 亿，提防新产品诱饵

📁 **典型案例：**

"前段时间，老妈听完一家公司的讲座后，突然准备投资一个灵芝种植企业，但并不是以持有股份的方式，而是购买其产品，对方承诺给买家高息返现，怎么劝都劝不住。"2015 年 10 月，广东茂名林女士发帖求助，她怀疑母亲投资的是一家传销公司。

林女士的妈妈要投资的公司名为湖北千木灵芝科技发展有限公司公司（以下简称"湖北千木"）。据其官网显示，该公司主要生产"灵芝袍子粉""灵芝菌丝体粉""灵芝多糖""甘灵茶"等 7 种灵芝加工品。实际上这些灵芝产品并没有大规模公开销售，而是通过拉拢会员的方式内部消化了。

湖北千木灵芝对外宣传的返现模式为"消费返还现金奖"，凡购买 1 万元千木灵芝产品，就可以申请成为千木灵芝会员。每个月可以获得 2000 余元的现金分红，直至分红累计金额达到投资额的 3 倍为止。若能介绍一名会员，还可以获得 2500 元的奖励。2015 年开始，这款名为"千木灵芝"的"投资消费"模式迅速在湖北、广东、四川、江西等地蔓延。据初步统计，"千木灵芝"公司非法吸收公众存款共 41 亿多元，涉及全国各地 9 万多人。

🔔 **特别提醒：**

这起案件犯罪嫌疑人的手段并不新鲜。大致流程是短时间内以极高的利率对投资者予以回报，从而加强投资者的信赖，随后不断吸引着投资者投以更高的资金，甚至拉拢身边的亲人入会投资。不同于正规的民间借贷，这类公司所吸存的资金没有进行任何实业投资。可以预见，当集资规模达到一定程度，必定会导致人为的"资金链"断裂，从而使投资者血本无归。

近年来，很多不法分子以高科技、新产品、新技术项目为借口或幌子或以节能环保、生物医药、现代农业为诱饵，虚构未来前景，夸大预期收益，公开宣传吸引社会公众进行投资。对亲朋好友低风险、高回报的投资建议和反复劝说，要多与懂行的朋友和专业人士仔细商量、审慎决策，防止成为其发展下线的目标。

4. "高价回购"集资诈骗，买收藏品选正规渠道

典型案例：

为图来钱快，一伙"90后"用捡拾的身份证注册公司虚拟理财项目，以价值低廉的纪念币、纪念钞、邮票等"收藏品"为诱饵，承诺在约定的时间内高价回购，骗取了22名中老年人，短短半年时间诈骗金额高达100余万元。

2016年元旦后的一天，60多岁的刘丽（化名）接到了买手机时认识的王芳（化名）的电话。王芳自称跳槽到东营藏艺文化传播有限公司，并以赠送羊年生肖纪念银章为由，希望她到公司领取。像刘丽一样，其他中老年受害者也都是以同样的方法被邀请到该公司购买所谓的"理财产品"。

据警方已查明信息显示，该公司人员通过向市民推销"羊年生肖纪念钞""外国纪念钞""连体钞"等产品，并与购买者签订为期三个月的销售合同，双方约定合同到期后以给付本金外加20%利息的方式对受害人所购买的"纪念钞"进行回购。该公司起初宣称所售"收藏品"价格不菲，均可参与网上公开交易。后经专业机构鉴定，这些藏品毫无收藏价值，更没有所谓的升值空间。随后，山东省滨海公安局基地分局成功侦破了这起典型的集资诈骗案，5名涉案嫌犯中已有4人被抓获。

特别提醒：

此类案例属于不具有销售商品、提供服务的真实内容或者不以销售商品、提供服务为主要目的，以商品回购、寄存代售等方式非法吸收资金。"收藏行

业的水很深，如果只是抱着一夜暴富的心态，绝对不应该进入"，河南省收藏家协会副会长葛保恒说，很多消费者都是因为不懂行，而且没有可以比价的参考而被骗，"其实现在全省各地都有收藏家协会，遇到一件藏品，向专业人士打听一下，就能知道大概的市场价，多问一句，就不会被忽悠"，葛保恒还建议，购买收藏品应该选择正规的渠道，最重要的是不能抱着"短期巨利"的心态，用最通俗的一句话说就是："天上掉馅饼的好事儿，十有八九都是骗局"。

5. 投资款可转"原始股"？
原始股买卖坚持"三看"原则

典型案例：

2016年7月，合肥市民张大妈在杏花公园晨练时，一名自称黄山玉饮堂茶厂的业务员小吴向其推荐投资项目。当时小吴拿着公司的宣传书告诉张大妈，他们公司位于合肥庐阳区一高端写字楼，在黄山有茶园，公司处于发展期，正在高息众筹资金，等到明年上市后，投资人的投资款可作为原始股获得收益。

"小吴特别热情，还邀请我们到黄山参观了他们的茶厂。"张大妈说，听说能获得年化率20%的利息，她拿出10万元投资。紧接着，和张大妈一起晨练的老年朋友们也先后通过各类途径得知这家公司，他们相互汇总信息，决定对这家公司进行投资。其间，公司相关负责人还做出承诺，公司不久后将在新三板上市，投资人所投资的钱款可转为"原始股"，享受成倍的收益。

"最近，家里出了点事，想把这笔钱拿出来，可对方一直推诿。"张大妈无奈报警。统计显示，共有800余名受害人，涉嫌金额达3000余万元。犯罪嫌疑人赵某、赵某某因涉嫌非法吸收公众存款罪被移送检方审查起诉。

特别提醒：

此类案例属于不具有发行股票、债券的真实内容，以虚假转让股权、发售虚构债券等方式的非法吸收资金。近年来，不少企业通过这样诱人的承诺向社会公众发售"原始股"的方式来筹集资金。作为公司在上市之前发行的股票，

"原始股"似乎成了"赢利"和"发财"的代名词。不少投资人在未对证券市场深入了解的情况下，就迫不及待地投入所谓的"原始股买卖"市场中。

　　原始股买卖应坚持"三看"原则：一看是否经中国证监会核准在上海证券交易所或深圳证券交易所上市，或在全国中小企业股份转让系统有限公司挂牌；二看是否由具有保荐承销资格的证券公司保荐承销或具有主办券商资格的证券公司推荐；三看新股发行或挂牌信息是否在中国证监会指定媒体或在全国中小企业股份转让系统有限责任公司网站公开披露。以免靠原始股发大财不成，反而买到非法股梦成空。

6. 私募吸金过亿老板跑路，谨慎参与创投企业投资

典型案例：

2012年在深圳成立的丰年股权投资基金管理有限公司（以下简称丰年），2014年6月初人去楼空，法人代表失联，这碾碎了近千名投资人的发财梦。

许多投资者都承认，是高额收益让他们纷纷解囊，甚至不惜借钱购买，已经60多岁的罗英（化名）就是其中之一，"一开始，是卖保险的好朋友向我推荐的，她说这个投资理财产品最划算，月息4分，也就是10万块一个月就有4千块钱的利息"，罗英说，出于对好友的信赖和高利息的诱惑，她便抱着试试看的态度在3月份投了10万元，这是起投的最低金额。

在一份投资者与丰年签订的"投资理财协议"中，名为"契约封闭式分红基金"的产品周期为6个月，预期收益率为24%，平均每个月4%的收益率，正如罗英所说月息4分。

除了高额之外，利息逐月发放也是令众投资者怦然心动之处。24%的收益率每月发放4%，6个月到期后可将本金拿回。"如果是3月15日汇款，那么4月14日就能收到1个月的利息，很准时，到账时间不会超过下午"，罗英说正因为如此她便渐渐放松了警惕，于4月再次投入了10万元，5月份更是从亲戚朋友处借了近20万元，全部投进去后，6月3日便开始停发了利息，同时传来老板跑路的消息。

丰年公司打着私募股权投资基金的幌子，在投资项目上作假，并以极高的月收益率为诱饵，在吉林、河北等地疯狂集资，投资人多达千人，涉及金额上亿元，其中长春市是重灾区，警方已对此立案。

🔔 **特别提醒：**

　　私募股权基金是向特定人募集资金或者向少于 200 人的不特定人募集资金，并以股权投资为运作方式，主要投资于非上市公司股权，最终通过上市、并购、管理层回购、股权置换等方式出售持股获利。

　　目前有案例反映，有的公司对外宣称创投企业，但其实际投资范围却与创业投资毫无关系，只是为非法集资活动披上股权投资基金的美丽外衣。

　　在业内人士看来，当前惯用的手法，即跨地区融资，有效逃避注册地的监管。实际上，《公司法》及《创业投资企业管理暂行办法》的相关条款对注册为股份制公司的创投企业的投资人数及金额都有规定，即投资人数不应超过 200 人、单个投资者对创业投资企业的投资不得低于 100 万元人民币。

　　创业投资和私募股权投资属高风险行业，广大投资者要谨慎参与创投企业和私募股权基金的投资，不要被高额回报蒙住了双眼。

7. 入股养老院血本无归，警惕陌生人高回报投资建议

典型案例：

"3000 多元就能在抚顺一个集旅游、度假、养老于一体的养老院买个床位，三年内随时入住。如果入股投资的话，每个月还会有 15%-24% 的利息收入……"2006 年到 2010 年，沈阳 370 多位老人积攒了几十年的养老钱血本无归。

为了让目标客户信服，能说会道，靠给人看风水起家的辽宁某国际有限公司的老板宋关亲自讲课："主要内容就是让老们买入住资格权，几千元一个资格，三年内可以随时入住。"

宋某称自己将所收的老人入住资格费用全部用于养老院的建设："销售经理销售入住权收取的费用，他留 35%，其余的交给我妻子小梦，她拿钱继续改造完善养老院的建设。"

虽然有数百位老人花钱购买宋关养老院的入住权，但宋关还是觉得资金紧张，"后来，我们研究决定向老人吸收存款，每月给 15%-24% 的利息，吸收的钱大部分由小梦支配，销售经理拿走 30%，还有一部分给老人们发利息"。据法院调查，宋关的辽宁某国际有限公司截止到 2010 年 1 月 7 日，共向 370 余名投资者非法吸收存款共计人民币 3100 余万元。随后，宋关因犯非法吸收公众存款罪被判处有期徒刑 12 年，并处罚金人民币 70 万元。

特别提醒：

　　除了投资入股，甚至有公司以推介保健药品为名，采取购买保健药品入股公司股份进行分红，并给付投资人高额利息为诱饵的非法集资行为。

　　对于陌生人低风险、高回报的投资建议和反复劝说，要提高警觉，不要被高利息的诱饵所蒙骗进入非法集资的圈套，可能的情况下可以多与其他懂行的家人、朋友和专业人士仔细思量、审慎决策，防止上当受骗，切不可抱有侥幸心理，盲目投资。

8. "委托理财"被骗71万元，对方有无资质很关键

典型案例：

2015年末，辽宁省辽阳县68岁的胡文雅在家附近的理发店理发，听到店里的客人说他们都在投资一种理财产品，是银行利息的十多倍。胡文雅按着客人所说，很快找到了这家文化艺术品有限公司。在咨询过程中，还遇到一位相熟的人，得到的答复是：许多鞍山的居民通过此款"高额返现"的委托理财产品拿到收效，挺可靠！

胡文雅从亲属那里张罗钱，加上自己多年积蓄，共计71万元，与该公司签订了10个月期限的理财合同，回报率为25%-35%不等。可没几个月，这家"艺术品公司"就关门了。

经查，辽阳、鞍山等地共有40余人参与该项投资，总款合计450余万元。该公司是由涉案嫌疑人李某、高某于2015年10月12日在辽阳县注册，以广西某文化产业集团代理商的身份招揽投资人，以高额回报为噱头，在无投资理财资质的情况下，以25%-35%高额利息诱骗投资人签订为期10个月的委托理财协议，承诺协议到期后保本保息。

2016年8月，胡文雅等20余人报案。

特别提醒：

辽阳县公安局经侦大队民警刘智提醒，市民面对高回报诱惑时，首先应该想到其背后的风险更大。可能有一部分人投资较早赚到了，犯罪嫌疑人就是借此为例进行宣扬，而后期进入的极有可能成为他们的"口中肉"。刘智称，从

全国来看，由于近些年来利息走低，这种投资理财产品血本无归的案件呈上升趋势，而且破案难度大，市民在投资时一定要睁大眼睛，谨慎投资。

9. "三地合作社"全国集资 80 亿，警惕假银行空手套白狼

典型案例：

2014 年 12 月 18 日晚，警察控制了河北省隆尧县魏庄镇肖东村的巩群海一家，他的儿子、儿媳被隆尧县公安局以涉嫌非法吸收公众存款罪刑拘。河北邢台隆尧县三地农民专业合作社（以下简称"三地合作社"）历时 7 年建立的非法集资帝国坍塌了。

年届 60 的巩群海，于 2007 年 7 月在隆尧县工商局注册了三地合作社。在隆尧县、柏乡县等地，憧憬过上好日子的农民纷纷入社。巩群海曾许下承诺："在三地合作社入股 1 万元，即可得到 100 袋面粉。除此之外，4 个月利息 30%，1 年利息 100%。如想退社，返还本金和利息，已被食用的面粉免费赠送。"因为没有产品，该社期初的时候发展并不顺利，在 2011 年，该社称通过富硒小麦可以获得高额利润，于是农民们就纷纷将钱投进来。

三地合作社的名气，也从河北省传播到 800 公里之外的陕西。西安市民耿女士筹措 260 万元，打给了河北当地的一位"社长"。因为耿某不是农业户口，不符合三地合作社的入社标准，她只得委托那位"社长"代其入股。该案涉及全国 16 个省市，涉嫌非法集资 80 多亿元，涉及超 10 万人。

"这是一种传销式的庞氏骗局，收取下一个社员的本金，偿还上一个社员的利润。三地合作社没有实体项目，更谈不上盈利。长时间下来，资金漏洞越来越大，最终肯定崩盘。"知情人士介绍。

特别提醒：

庞氏骗局在中国又称"拆东墙补西墙"、"空手套白狼"，是层压式推销

方式的一种，参与者要先付一笔钱作为入会代价，而所赚的钱是来自其他新加入的参加者，而非公司本身透过业务所赚的钱。投资者通过不断吸引新的投资者加入付钱，以支付上线投资者，通常在短时间内获得回报。但随着更多人加入，资金流入不足，骗局泡沫爆破时，最下线的投资者便会蒙受金钱损失。

10.8 万存 1 年半变 10 万？
"炒黄金"提防三种欺诈手法

典型案例：

　　"你买黄金，我替你保管，到期后，付你现金或黄金，还有利息，让你存钱有双保险……"这是黄金佳投资集团有限公司的宣传内容，广告是如此诱人。黄金佳涉嫌非法集资案中，全国共有 36000 余人报案，报案金额达 53.9 亿元。

　　黄金佳投资集团成立于 2007 年，总部位于河北廊坊市，宣称全国共有 3000 多家连锁店。黄金佳投资集团有限公司法人代表肖某利用廊坊市人大代表的身份，向广大投资者夸张宣传其公司实力，包括宣称公司有多个养生基地、农庄基地、房地产公司、金银加工厂和黄金白银交易平台等虚假信息来吸引众多的投资者。

　　公司有三种运营模式。首先是"内部福利"，是对业务员吸纳资金的"优惠"政策，存款利息是银行的两倍以上，后期内部福利放开到对业务员的亲朋好友。其次是"中立仓"，是指对社会上散户吸纳资金，没有存款期限限制，10 万之内利率月息 7.05‰，一个月的利息是 705 元，存 10 万至 50 万利息是 10.09‰，如果存 50 万，一个月能得到 5045 元，50 万以上是 11.57‰；再次是"金管家"，是寄存回购"黄金"，相当于定期存款，即"存 8 万元算出时价的'黄金'克数，存期 1 年半，可以得到 10 万元的现金或者时价的黄金克数"。

　　"深圳宝安区的 100 多名投资客中，注入资金额最大的投资客是一名姓蒋的退休老人，先后注入 300 多万元。其购买的产品名为'中立仓'。"办案民警介绍，投资客与黄金佳均签订了一份协议，由于收益可观，以至于投资客忘记了其中的风险及是否合法，越投越多。以一位投资者一年投资 10 万元为例，按照约定，购买"中立仓"月息为 10.09％，存满一年收益率即达到 12.10％。

2016 年 12 月，"黄金佳"案在河北省廊坊市广阳区人民法院一审宣判，被告单位黄金佳投资集团有限公司以非法吸收公众存款罪被判处罚金人民币五十万元，该公司法人代表、被告人肖雪被判处有期徒刑十年，另有其他 19 名被告人因挪用资金罪、窝藏罪等被判处有期徒刑。

特别提醒：

"炒黄金"成为一种很热门的理财方式，但近年来，山东、浙江、新疆等地都发生过炒黄金诈骗案件，令投资者损失惨重。

根据国务院关于清理整顿各类交易场所切实防范金融风险的决定，我国境内从事黄金等金融产品交易的交易场所，必须经国务院相关金融管理部门批准设立。但调查发现，标榜"躺着赚钱"的个人贵金属投资，正成为理财欺诈的高发区：

手法一：肆意采取高杠杆，"一块钱能炒百元金"带来高风险。炒金"黑平台"普遍宣称，普通消费者投入极少量本金，就能用更多钱"借钱炒金"从事黄金理财。以"维财金"为例，投资的资金杠杆高达 100 倍，相当于"一块钱能炒百元金"。业内人士表示，这种方式是为迎合散户"以小博大"的心理。"一旦亏损比例超过本金，立刻会被强行停止交易止损，本金全归'黑平台'拿走。"上海华荣律师事务所合伙人许峰说。

手法二：采取高息"回购"，以保本保息诱惑消费者。黄金佳投资集团打出销售"迷你小金条"的旗号，劝说顾客不进行交割、将金条寄存在交易平台，每年可按销售价给 15％ 的年利息，实质就是高息向公众借贷。

手法三：伪装"伦敦金""香港金"公开揽客，门槛低无资质。"仅在长三角地区，各种地下炒金公司数量至少有数千家。"中国人民银行下属的一家合法黄金交易所负责人介绍，一些地下代理公司就是租个酒店房间办公，靠打电话揽客。

11. 700人投资连锁超市受骗，加盟厂家选"名牌"

 典型案例：

"投资1万元，1年后不但能收回本金，还能获利4300多元。"看似"美好"的承诺，使山东肥城44岁的高槐连投资的17万元打了水漂。2008年至2011年，山东利普商业管理有限公司以发展连锁超市的名义，以高息为诱饵向肥城、东阿、新泰、章丘等地公众吸收资金。此后公司资金链条逐渐崩溃，负责人也已不知去向。报案者达700多人。

新泰投资者王乾坤是众多受害者之一。"2010年，利普公司副总经理吴小娟、王大坤和新泰地区总经理陈立华等在新泰的一次投资推荐会上介绍，只要投1万元，1年后除了能拿回本金，每天还能拿到12元的利息。"王乾坤提供的合同复印件显示：合同期满一年后利普公司向投资者返还本金，分红则以一万元为单位，每天12元，一年回报率为43.8%。

王乾坤介绍，几位公司领导称，利普已在平阴、肥城、章丘等地建了多家连锁超市，前景广阔，并以此吸引众人签下项目投资合同。经不住高额回报的诱惑，再加上看见老熟人投资后每月都能拿到360元的利息，他和亲友就向利普公司投了20余万元。

2011年5月，王乾坤从其他投资者处得知，利普老总周广芳"跑了"。

对利普公司较为熟悉的新泰地区副总经理肖强表示，利普公司在全省投资者很多，多为城市和农村中低收入者。

律师说法：

　　湖南睿邦律师事务所执行主任刘明介绍，这是以发展农村连锁超市为名，采用召开"招商会""推介会"等方式，以高息进行"借款"的非法集资。加盟任何厂家，需要慎重选择投资对象。在加盟前，可登录工商、商务、工信等部门政府公开网站，查询相关网站、公司注册登记情况，了解其经营资质、业务范围、经营状况等信息。

 特别提醒：

　　湖南睿邦律师事务所执行主任刘明建议加盟选择有一定知名度的品牌，要求对方提供合法的一系列手续，确定签约人是公司法定代理人。在加盟合同中，仔细阅读双方的权利、义务条款，对经营相关的供货方式、供货价格、付款方式以及违约责任等内容，均需认真看清，不要相信任何口头承诺。合同最好请律师等专业人士审查后再签字。

12. 卖房投资养老公寓无家可归，
投资养老项目弄清背景

典型案例：

  成立于2014年的怡养爱晚，以"爱晚工程"和全国老龄工作委员会的名义，称其是全国老年人才专家委员会的唯一企业平台，为老年人提供所谓"零风险"的养老投资和"零费用"的养老服务，投资的年化收益率最高可达16%，只要合同期满，养老服务的缴费还能全额返还。短短一年多时间就吸收了大量资金。

  怡养爱晚以提供候鸟式的养老为主，戴女士就是会员之一。2014年，戴女士在老博会上看到了怡养爱晚的宣传单，被这种冬天住海南，夏天住东北的候鸟式养老所吸引。公司宣传只要交一定的养老保证金，就可以选择在全国各地的养老基地休养，基地提供吃住，还有交通补助。合同到期，养老保证金可以如数退还。如果一年之内没有时间享受服务，公司除了退回养老保证金的本金外，还可以给一定的现金消费补贴。

  被怡养爱晚带到北京平谷的养老基地参观时，戴女士被基地周边的环境所吸引，住房是装修考究的独栋别墅，并且依山傍水。考察完毕，戴女士现场刷卡交了32万元保证金，按照合同戴女士每年可享受2个月的养老服务。戴女士先后签了两次合同，约定的养老服务在2016年4月到期。她打算结束合同时，业务员却迟迟不给办理。戴女士到兑付中心询问时才得知，很多人的养老保证金都无法退还。

  2016年5月份，怡养爱晚多个分店纷纷关闭，最终连北京平谷的养老基地也宣布关闭。住在平谷基地的胡老卖掉房子交了120万养老保证金成为怡养爱晚的会员。平谷基地宣布关闭后，老人面临无家可归的处境。

事发之后国家"爱晚工程"领导小组办公室表示，"怡养爱晚"未经批准打着"爱晚工程"旗号进行不实推销。

 律师说法：

典型的以投资养老公寓、异地联合安养等为名，以高利诱导加盟投资。江西文澜律师事务所合伙人周宏伟认为，怡养爱晚称募集资金用于并购基地，事实没有收购基地产权，只是与第三方租赁或其他合作谎称收购诱使受骗会员投资，属于虚构事实，是诈骗犯罪典型特征之一。

周宏伟表示，怡养爱晚作为一家养老服务公司，不具备向公众及会员融资资质，不能发行理财产品，其向社会宣传承诺固定回报和保底而获得公众资金的，属于非法吸收公众存款，甚至涉嫌集资诈骗。他建议老人们要搞清楚公司法律背景，如果既有承诺都做不到，对后续解决方案一定要更加谨慎。

 特别提醒：

北京致诚律师事务所老年人法律维权公益项目提供的调研数据显示，根据老年人的生理心理特点，一般60岁到69岁的低龄老人和70岁到79岁的中龄老人，遭到经济犯罪侵害的风险相对较高。原因是，低龄老人和中龄老人的身体状况相对较好，有些则是刚刚从工作岗位退休，能够较为积极主动地参与社会经济活动。

在投资养老项目中，企业在宣传中多会用到"养老""健康"等字眼，项目多会针对老人年在养老方面的需求，以"投资养老公寓、旅游养老（候鸟养老）、老年物资发放"等为名，要求老年人投资或购买相关项目。

13. "百银财富"高层卷款 2 亿跑路，提供金融信息是骗钱幌子

典型案例：

5 万元起点，年化收益最低 8%，最高 15%，投资周期短，最短三个月，最长才一年。而且你随时要花钱，随时可以取出来——这么诱人的投资项目，是上海百银金融信息服务（集团）有限公司（以下简称"百银财富"）在"吸钱"最初的书面宣传。然而，2015 年 1 月底，公司高层突然卷款"跑路"，千余名投资人顿时慌了神。

同为受害人的百银财富业务员透露，仅仅线下的投资人就有 810 人，涉案金额金近 2 亿元，公司网络平台上的线上投资人也有 800 多人，被骗金额大约 2600 万元。

业务员小陈在公司做了两年，工作是线上客户经理，也就是不断发送融资信息、跟踪客户、解答客户的疑问，也就是所谓的 P2P。"我自己没有什么钱，刚工作没几年。但父亲手里有一笔钱，他放在银行里，利息赶不上物价，等于亏本嘛！"小陈的父亲的 80 万元一次性购买了公司半年期的"理财产品"。直到近百名客户和百银财富的员工去公安局报案，他才如梦方醒。

上当受骗的人都是当天刷卡付款，当天收到收款确认书、债权转让及授让协议书，办事效率很高。"百银财富是做金融信息服务的，所谓提供金融信息是对外的幌子，说白了就是为一些需要资金的人募集资金，参与非法集资。"业务员小张说，客户来百银财富购买理财产品，就是以百银财富为中介将钱借给别人。百银财富给投资人的"债权转让及授让协议书"上，清楚地提供了债务人对应的资料，如身份证号码、贷款总额、利息以及周期等。

公司客户来源除了来自网上所谓 P2P 外，大部分还是业务员拉来的。拉来的客源主要分为三类：第一类是业务员路口发传单招揽来的，也包括业务员在小区信箱塞广告吸引来的。第二类是业务员从原来公司介绍过来的老客户。因为现在 P2P 公司非常多，从业人员流动性强。第三类则是业务员自己的亲朋好友，属于兔子的"窝边草"。

 特别提醒：

近年来，P2P 崩盘事件层出不穷。投资 P2P 网络借贷要谨慎：1. 投资要理性。投资过程中，既要考察企业是否合法注册，更要了解其吸收资金行为是否符合金融管理法律规定，考察企业真实的资产、运营状况，分析其承诺的收益是否合理，不要被"耀眼的招牌、诱人的项目、高额的收益"等表象迷惑而盲目投资。2. 增强风险意识。高收益往往伴随着高风险，非法、不规范的金融活动蕴藏着巨大风险。投资者首要考虑资金安全，不要受高息、暴利的诱惑而动心。3. 投资 P2P 网络借贷要谨慎。P2P 网络借贷是新兴金融业态，一些不法平台假借互联网金融名义从事非法集资活动。主要有以下情形：一是自建资金池；二没有尽到借款真实性的核查义务；三是发布虚假借款标的自融资金。投资者对有上述情形的平台要高度警惕，发现有平台涉嫌非法集资等违法犯罪行为，积极向银监局、金融办、公安机关等部门进行举报。

14. 投资墓葬项目 50 人被骗，
万元起步是诱饵

典型案例：

"投资公司跑了，我的 10 万养老钱没了。""政府得给我们做主，要把养老钱给追回来啊。"……2016 年 3 月初，江苏南京多位老年市民反映，他们被人骗了。

原来，2015 年 4 月开始，一家名为利伟达的公司号称在辽宁投资寺庙复建和墓葬项目，给出 2% 的月回报率吸引投资。该项目投入万元起步，分 4 月期、6 月期、12 月期等多种，最长 30 个月，月回报 2%，每月发放。

看到投资门槛不高，何老先生当即投入 1 万元。当天，他就拿到了 1000 元的红包，一个月后又如约拿到了 200 元回报。看到利伟达公司承诺兑现，何老先生很是高兴，当即又投入了 4 万元。在接下来的几个月中，何老先生和其他投资者都如约拿到了回报。此外，南京不少老人参与，但到春节过后这家公司便人去楼空。经初步统计，被骗的老人有 50 多人，涉案金额 300 多万元。

"从作案手段来看，利伟达公司同样是请专门团队运作，进行非法吸收公众存款的诈骗活动。"警方分析。经过调查，所谓的地宫、墓葬、养老院项目更是子虚乌有，而且利伟达公司拿了老人们的钱，也没有投入一分到项目所在地。

警方确认，利伟达公司涉嫌非法吸收公众存款，目前，3 名犯罪嫌疑人已被警方依法刑事拘留。

特别提醒：

　　"以前的非法集资案件嫌疑人往往许以高利，然而从最近办理的此类案件来看，其正向投入少、回报低的方向发展。"警方说，这其实增加了非法集资的迷惑性。案件侦办中，不少老人表示，由于利伟达公司的项目回报并不是很高，而且投资门槛低，每个月都能拿钱，所以当时并没有意识到这是非法集资。

　　"不过，还有一些老人则是带着赌博的心态，明知可能是骗局仍往下跳。"办案人员说，调查过程中，一位老人表示，自己知道这很可能是骗局，但只要赶在该公司资金链断裂前全身而退，那么还是能赚到钱的。

　　"而且像这位老人不仅投了这一家公司，此前也参与过其他所谓的投资公司的骗局，有的被套牢，有的则赚了钱。"投资理财一定要找银行等正规、专业机构，对于任何来路不明、打着各种高回报投资项目旗号的企业一定要谨慎对待。同时，不能抱有侥幸心理，与狼共舞，这样往往最终受损失的还是自己。

15. 买款保险合同期104年，购银行理财产品把握两个要点

典型案例：

2016年，北京44岁的刘女士想把自己购买的一款保险产品的10万本金取出，却被告知只能取出9.8万。事情还得从5年前说起。

2011年6月份，刘女士拿着10万元去家附近的某银行存钱。到了银行后，听刘女士说要存钱，一名女子上前向其介绍生命人寿保险的一款保险产品，称此款保险产品收益要比银行存款高。当时向刘女士推销保险产品的人称，刘女士连续5年每年交纳2万元后，能取走10万的本金和分红。刘女士表示，她是在银行里办理的业务，并且个人保险投保单上盖的是"某银行万寿路支行"的章，"因为信任银行我才购买了这款保险产品"。

刘女士称，当时向其介绍保险产品的人说5年后能取回本金和收益，自己就认为合同期限为5年；去年生命人寿保险北京分公司的人称要再过5年才能取回本金，就以为是签了10年合同；但回家后仔细一看才发现，合同竟然长达104年。

对此，银行承认刘女士购买的产品是其代理的保险产品。生命人寿保险北京分公司一客户经理称，刘女士目前要取回所有本金的行为属于退保，只能按当前保险产品的现金价值退款，所以无法全额退款。

生命人寿保险北京分公司一徐姓客户经理表示，刘女士现在想取回10万元本金并不划算，因短期受益不佳，建议客户留作养老。如果刘女士执意取回本金，属于提前终止合同的违约行为，按合同规定，只能根据刘女士投保金额目前的现金价值为其退款。至于刘女士何时能把10万元本金取回的问题，徐经理表示自己也不清楚，需要由公司的精算师按合同终止当天公司的经营状况来计算。

律师说法：

　　银行员工利用投资者对于银行的信任，私自销售非本行自主发行的、非本行授权和签订代销协议的第三方理财产品，并从中获利的行为被称为"飞单"。

　　"飞单"产品主要以超高的投资收益吸引投资者，加上理财经理的各种口头保证，不明真相的投资者很容易被骗。银监会 2017 年 3 月 30 日就向银行下发了《关于开展销售专区"双录"实施情况专项评估检查的通知》(47 号文)，称为规范银行自有理财及代销业务行为，有效治理误导销售、私售"飞单"等问题，决定对银行销售专区"双录"实施情况开展专项评估检查。4 月 7 日，银监会还下发《关于集中开展银行业市场乱象整治工作的通知》(5 号文)，提出要对包括"飞单"等在内的十大方面、35 项银行业存在的金融乱象，进行集中整治。

 特别提醒：

　　工商银行湖南省分行资深理财经理朱沛琴表示，投资者在购买银行理财产品时，要把握两个关键要点：一是看清产品本质，是否是银行发行，了解预期收益的"含金量"到底如何，二是把握产品的流动性与"早退"成本。

　　早在 2014 年银监会下发的 39 号文里就明确指出，银行发售普通个人客户理财产品时，需要在宣传销售文本中公布所售产品在"全国银行业理财产品登记系统"的登记编码，未登记的银行理财产品一律不得销售。

　　朱沛琴提醒，在购买理财产品前，投资者一定要多看多问，最好先上银行总行官网或者第三方平台比如中国理财网查找验证一下产品真伪，另一方面也是确认产品的风险等级，是否保本保息，看看相关信息是否在产品说明书中有承诺。

　　广东奔犇律师事务所刘国华律师表示，投资者一旦发现遭遇"银行飞单"，应积极进行维权。首先，应立即寻求专业人员的帮助，收集整理证据，然后和理财经理、产品营运方等协商解决；其次，及时向银行和监管部门投诉和举报；最后，对情况严重或涉嫌非法吸收公众存款等犯罪行为的，向公安机关举报，通过向法院提起民事诉讼挽回损失。"如果存在重大误解或欺诈等事由，投资者可以自知道或者应当知道撤销事由之日起一年内行使撤销权。或者从知道或者应当知道权利被侵害之日起开始，2年内提起诉讼要求赔偿。"

16. 500 万存一年才知存单为假，高利率"贴息存款"提防诈骗

典型案例：

"我明明去银行把钱存了一年的定期，拿了银行的存款单；怎么一年之后钱不见了，存款单成假的了？"50 岁的浙江绍兴储户顾柄伟 2014 年 5 月在山东省农村信用社博兴县曹王支行柜台存款 500 万元，定期一年。"把钱存进去之后，我拿到了一张 500 万元的存款单。"顾柄伟说，等到 2015 年 5 月 8 日，存款到期，他拿着存款单，从绍兴再到山东省该银行柜台取款。

银行工作人员查看取款单后说，银行系统没有这个记录，存款单是假的，从账号到存单都是伪造的。工作人员表示，单据上的经办人确有其人，但章不对。

像顾先生这样被骗的储户还有 21 位，总共被骗 1.5 亿元。除绍兴以外，杭州、台州等地都有储户成了受害者。这些浙江的储户之所以要跑到山东的银行办理定期存款，是因为有中介告诉他们，这家银行除银行规定利息外，还能额外得到高息，就是业内常说的"贴息存款"。

据知情人士透露，这起案件中大部分资金都流向滨州一家企业，而这家企业资金链断了，所以无法支付这些储户的本息。经调查，这 22 名储户的存款原来承诺的贴息利率高达 13%，并且当场支付；储户都被要求签署一份"承诺书"，承诺一年内不提前支取、不查询账户等。

法律条文：

根据《刑法》第一百七十七条的规定，伪造金融票证罪指伪造、变造汇票、本票、支票、委托收款凭证、汇款凭证、银行存单、信用证或者附随的单据、

文件，以及伪造信用卡等金融票证的行为。情节特别严重的，处十年以上有期徒刑或者无期徒刑，并处五万元以上五十万元以下罚金或者没收财产。

 特别提醒：

贴息存款是被银监会明令禁止的，任何存款，只要利率高于基准利率的 1.5 倍，都是违法的，一旦被查出，不仅银行会被处罚，储户也会受到牵连。

目前一些地方非法集资和金融诈骗案件多发，而且在此类案件中不法分子往往打着银行的幌子，以"高息"为诱饵，编造谎言骗取客户资金。对此，业内人士提请客户不要相信所谓"熟人"的蛊惑和各类非法存款中介关于"高息"的虚假宣传。

一些大额高息存款诈骗案还有一个共同特点，就是有银行员工和骗子合谋，内外勾结。不法分子利用银行工作人员的特殊身份，给受害人营造了一个在银行存款的安全假象。所以也不要以为只要是银行的产品就是安全的，以免一不小心被"带进沟里"。

17. 八旬收藏迷陷连环套陷阱，
购纪念币查查相关网站

典型案例：

2016 年 4 月，家住兰州城关区甘南路的钟大爷在路上遇到一名推销员邀请他前往某收藏品公司。推销员着重向他推销一款"俄罗斯冬运会纪念钞票"，售价 186 元。钟大爷看着喜欢，便买了一张，并在工作人员的要求下留下电话号码。在工作人员的推销下，钟大爷陆续买了 100 张纪念钞，花费 18600 元人民币。没过多久，这家收藏公司兑现承诺，以一张 190 多元人民币的价格回购，让钟大爷赚了几百块的差价。

接着，工作人员向推销一款"长征胜利宝玺"，钟大爷花 3 万多元人民币购买了一套。没多久销售人员来电说这套宝玺涨了几百块钱，并且公司又推出一款更有价值的藏品，可以将宝玺卖掉再购买新的藏品……这次销售人员向他推荐的是一幅唐卡，价值 36000 多元人民币。尝到甜头的钟大爷一口气买下了两幅唐卡，后来还将自己以前的收藏品拿出来折现金购买了一套"第四代错版人民币"。

直到 2017 年 3 月中旬，钟大爷才发现这家公司人去楼空，才知道自己上了当，赶紧报警。

法律条文：

诈骗罪（刑法第二百二十六条）是指以非法占有为目的，用虚构事实或者隐瞒真相的方法，骗取数额较大的公私财物的行为。

律师说法：

包括纪念币在内的不少"收藏品"由于销售渠道隐蔽，且属于自由买卖，监管起来存在一定难度。有专家指出，这类纪念币的出现应属于金融监管范畴，年底推销活动逐渐增多，银行金融业监管部门应加大监管力度。

清华大学法学院副教授吴伟光认为："这类交易行为很难界定，如果不存在欺诈行为，应属于商业自由。但这类所谓的收藏品在推销过程中都存在夸大收藏价值、伪造鉴定证书等问题，因此存在法律问题，监管部门应依法查处，市民也要有判断能力，不要盲目相信销售人员所吹嘘的收藏价值。"

 特别提醒：

收藏骗局受害者大多是老年人，不法分子抓住部分老年人有收藏爱好，但不具备识别收藏品真伪的特点，以"高价回购""溢价回购"等口号作为招揽顾客的"致胜法宝"，进行诈骗。

收藏业内人士也表示，部分市民的自我防范意识不强，是容易上当受骗的原因之一。以纪念币为例，许多市民对纪念币的概念十分模糊，大多数正规渠道发行的纪念币，尤其是生肖类纪念币，以及一些大型题材纪念币，都会在中国金币总公司官方网站予以公布，市民在购买时可在相应网站查询后再做决定，不要轻易被销售人员的花言巧语蒙蔽，以防买到粗制滥造的劣质收藏品。

工商部门提醒，消费者如果对纪念币、纪念章这类收藏品感兴趣，购买时一定要注意有无明确的发行单位，是否有政府部门的审批。一般来说过于强调附加价值概念、过分炒作主题纪念意义的收藏品，都存在虚假宣传问题。

18. 180万元8个月成零，
委托炒外汇不受法律保护

典型案例：

　　180多万元，8个月时间，被炒成了"0"。与此同时，帮忙操盘炒外汇的公司从中赚了170多万元佣金。这些钱，是一位年近五旬的老教师毕生的积蓄，他甚至把自己的住房都抵押了，全部委托"炒外汇"。付出惨痛代价之后，闫老师才发现，这是一场骗局。

　　"打造国内黄金投资第一品牌"，在福建厦门金旭鑫投资管理有限公司的网站上，打着这样诱惑投资的广告。"当时，投资公司的法人代表吴总多次对我说，如果我投资一百万，不用一年就能翻几番。"闫老师说，因赚钱心切，他当时就决定把自己的全部身家都托付给吴总。

　　从2009年12月开始，闫老师分六次，往吴总指定的账户汇入27万美元（相当于170多万元人民币），这些钱当中，有120万元人民币是闫老师自己的住房抵押贷款。闫老师把这些钱交给该公司操盘后，没过多久，吴总就多次把他叫到投资公司去，骗他说："你已经赚了10多万美元了""现在已经有30多万美元"……并让闫老师再去拉资金。单纯的闫老师又拉了好几位亲戚朋友，往该投资公司汇了12万多美元。

　　他没想到的是，其实他的钱一直在亏损。一次偶然的机会，一位深圳理财专家看到了他的账户交易明细表，说："你已经亏得差不多了，如果再继续做下去，就会崩盘。"

　　专家还发现，帮助闫老师操盘的公司收取了130多万元人民币的佣金。每一手交易都要抽50美元。业内人士指出，这种行为叫"炒单"，也就是炒佣金，无论客户买进或卖出、盈利或亏损，每做一手操盘公司都能获利

50 美元。也正因为如此，该公司每天都频繁地进行交易。

知道真相后，闫老师立即找吴总要求退出剩余资金。但是，他的账户一直由金旭鑫公司掌控。"我多次叫他们停止操盘，可是他们都不理会我，还私自更改密码，强行操作。"闫老师只能眼睁睁地看着自己账户中的钱被炒到"0"为止。

闫老师报了警。根据检察机关调查，金旭鑫公司以对待闫老师的方式，赚取了多位客户的佣金。

法律条文：

我国立法机关从被取消的投机倒把罪名中分解衍生出了非法经营罪，在《中华人民共和国刑法》第二百二十五条中作了具体规定，该条第四项还规定"其他严重扰乱市场秩序的非法经营行为"也属于非法经营罪。

律师说法：

厦门思明区法院主审法官称，当前，国内做外汇实际上都是不正规的（除了国内银行经银监会批准后所开展的实盘外汇业务），这些违法公司的操作方法大多是把人民币兑换成美元后，汇到境外银行的专门账户，从事的都是外汇保证金交易，这种业务隐患极大，其未经国家金融机关的批准和许可，没有正规的审查和法律监管，存在大量的违规操作空间，严重扰乱了金融市场的秩序，风险很高。

另外，从事炒外汇的所谓外汇投资咨询公司往往属于空壳公司，即使侥幸盈利，因这种炒卖外汇业务所取得的收益也不受法律的保护。

需注意的是，从事这种业务的犯罪经营所得属于犯罪所得，在公安机关侦破确定后一般都会处以没收，大量受害者在投资出事以后，因无法追回损失，只能自认倒霉。

特别提醒:

厦门大学法学院黄健雄教授称,近来连续发生多宗炒外汇受骗案件,作案手法大多以高额回报为诱饵,吸引客户进行大额投资,导致许多被害人血本无归。

另外,对于目前进行的所谓网络炒汇与非法炒金来说,只不过是这些公司采用同一个模式、同一条通道运作的不同产品而已。

为防止资金和国际热钱大量流出和集中流入,外管局下发了《关于进一步完善个人结售汇业务管理的通知》,严厉打击地下钱庄、网络炒汇、非法炒金等违法违规行为。

投资人特别要注意的是,目前市场上那些自称可投资外汇保证金业务的公司全部是非法的。一些所谓的外汇投资咨询公司,实际上属于空壳公司,没有经监管部门批准。其账户是境外账户,且没有与银行达成第三方托管的协议,因此,都不受法律保护。一旦投资人遭遇像闫老师这样的投资陷阱,如果没有借条,连要维权都没有依据。

19. 买保险反被骗 28 万，
警惕业务员的花言巧语

典型案例：

2017 年 3 月 21 日，南京迈皋桥派出所接到市民张先生的报警，称其买保险原本是为了防范风险，可没想到自己的钱反而被保险公司的业务员骗走了，而且金额高达 28 万余元。

张先生称，为他办理保险的业务员李某，以完成公司业绩为名，先后向其借款共计 28 万余元。一开始，张先生并没有多想，之后多次催还未果，直到李某离开南京、音信全无，他才意识到自己可能被骗了，随后便向派出所报案。接到报案后，民警迅速展开侦查，最后在苏州将该案嫌疑人李某抓获。

据了解，李某多年在保险上班，积累了一定的客户。2015 年为冲绩效，李某向客户推荐提成较高的保险，有时候客户手头紧缺，李某便会帮其垫资。为客户垫出去的钱，多数客户第二年便会返还，即使客户还不上，还能让其用之前签订的保险合同，再去公司办一个贷款。这样一来，就可以提出将近一半的本金，虽然还有部分垫资没有收回，但是业绩上去了，提成也拿到手。

随着客户量的增加，李某垫出去的钱越来越多，而客户返还的钱却越来越少。为继续为客户垫资，李某开始借高利贷。然而，高利贷的利息远远超出了李某的预期，导致其资金链直接断裂，走投无路的李某竟然打起了客户资金的主意。

特别提醒：

　　买保险前要了解保险公司运营资质和合同条款，同时也要警惕业务员的花言巧语，不随意往外借大量金钱。业务员在从业的过程中，也要遵守职业操守，以正当的手段完成工作，以免落得人财两空的下场。

20.抵押借款不知何时卖了房，
涉及房产一定求助专业人士

典型案例：

无家可归，如今已是北京的王德志、李淑云（皆为化名）这对夫妻的晚年写照。

两位老人并非没有自己的家——丰台一套近百平方米的房子。但 2015 年 11 月 10 日晚，一帮膀大腰圆的"黑衣人"突然闯入老人家中，称因为贷款还不上，这处房产已过户给他人，要他们赶紧搬家，并称报警只会更麻烦。

北京年逾八旬的王先生退休后一直想做一个生物科技方面的项目，但没有足够的资金。2014 年 9 月，他认识了张某和尚某，对方说他们在香港有一项被冻结的民族资产，但解冻这笔资金，需要注资 80 万元。想着拿了钱可以运作自己的项目，王德志听信了对方建议，先把房子抵押贷款，待"资产解冻"后再还款解押。

2015 年 4 月，老人在一家公证处与一家贷款公司签订了一系列合同，将名下这套市场价 400 多万元的房子抵押，借款 89 万元。至于这家贷款公司是何背景，在公证处做了什么样的公证，签了什么样的合同，老人并不清楚。钱到账后，王德志将 80 万元转给尚某，剩余 8 万元作为首月利息给了贷款公司，还有 1 万元付公证费。除了退休金，两位老人并无积蓄，每月 8 万元的利息并非小数，到第 3 个月，本息高达 135 万，老两口慌了神。就在此时，第一家贷款公司出面称，给王德志介绍一家利息低的公司。于是，他又和所谓第二家贷款公司签订了抵押贷款协议，贷款 150 万元。但还完之前欠款，二老再次陷入财务危机。

看到老人已走投无路，2015年9月，所谓的第三家贷款公司登场。这一次，老人借款165万元。"那时，我们还没意识到自己被骗，还相信张、尚二人，但那时只能和他们电话联系了。"不到两个月，老人又欠下利息近80万元，"他们最后看我们实在没钱了，就把我俩的工资卡拿走了。"

"我们怀疑，就在这次签订借款合同时，老人在不知情的情况下，签订了一份公证过的全权委托他人卖房的委托书。"王德志的代理律师王泓泽说，事后经过查询，老人将包括签合同、定房价、收房款等有关卖房的一切权利都委托给了秦某，但两位老人均称不认识此人。

根据房管部门的查询记录可知，2015年11月4日，秦某以280万元的价格，将房子卖给了北京华盛泰吉商贸有限责任公司。11月10日，老人被赶出家门，房子没了，个人财物尽失，此前签订的一系列抵押借款合同也都消失不见。

2016年，两位老人以房屋买卖合同纠纷为由，将买房的商贸公司告上法庭，要求撤销与上述商贸公司的房屋买卖合同。

 律师说法：

王泓泽律师认为，最后一次签订合同，对方利用了两位老人的惯性思维，让其以为是抵押贷款，而实际是委托卖房，"这绝对不是老人真实意思的表达，被委托人在老人不知情的情况下低价卖房"。

"我不认为这是正常的房屋买卖行为。"王泓泽律师说。现在，两位老人希望通过民事官司要回房子也存在一定的难度，"一是老人手中的证据灭失，二是法院现在联系不上被告公司"。

多位法律界人士指出，在类似案件中，尽管委托卖房并非受害老人的真实意思表示，但由于相关委托经过公证，如果想根据《合同法》相关规定，主张合同无效或者申请撤销合同都很难得到支持。在不能和买受人约定解除合同的情况下，比较可行的途径是举证抵押权人和买房人存在恶意串通行为，主张买卖行为无效，但这同样不易。

🔔 **特别提醒：**

据北京老年维权服务工作站（北京市民政局、老龄办和北京市致诚律师事务所共同发起的公益项目）相关登记材料显示，自该工作站去年7月成立以来，仅"抵押房产理财"这一类名目，而导致自己房子被低价贱卖的老人就多达十几位。几乎所有经手此类案件的律师和民警都惊呼："没见过如此狠心的，这种手段太恶劣！"

以房养老或许是未来的一种养老模式，但是目前我们的以房养老政策并没有配套齐全，我们怎么样来防范这种骗局呢？简而言之，涉及到房产以及大规模的金额流动，一定要交给专业人士，不要听所谓的中介人员花言巧语。

综合 《三晋都市报》《新快报》《深圳晚报》《安徽法制报》《羊城晚报》《辽沈晚报》《华商报》《齐鲁晚报》《法制晚报》《新闻晨报》《金陵晚报》《京华时报》《钱江晚报》《西部商报》《扬子晚报》《南京日报》《北京晚报》

第四章

其他类型诈骗

Qi Ta Lei Xing Zha Pian

1. 假外孙"借"走五千元，假亲戚上门有两个版本

典型案例：

一天中午，家住山东省青岛市山东路的周大爷突然听到急促的敲门声，打开门一看，是一名小伙。"舅姥爷！"小伙张口就朝周大爷喊道，周大爷听了一愣，一下子没反应过来小伙是谁。"舅姥爷！你不认识我啦？我是老家的小勇啊！"周大爷想了想，好像前几年回老家时，确实有这么大的孙辈，但名字记不清了。

小伙见周大爷没有再怀疑他的身份，就接着说，他的一个朋友刚刚出了车祸，人在医院急需用钱。"我本来是和她一起来看您的，没想到半路出了车祸。"周大爷见小伙很着急，而且对方说是在看望自己的途中遭遇意外，心里十分过意不去，从柜子里拿出 5000 元送到小伙手中，小伙说了几句感谢的话就离开了。

几分钟后，冷静下来的周大爷觉得事情有些不对劲，就给老家打了电话，得知外孙一直在老家并没有外出，而且不叫"小勇"。等周大爷出门寻找时，人早就没影了。

法律条文：

《刑法》第二百六十六条规定，诈骗公私财物，数额较大的，处三年以下有期徒刑、拘役或者管制，并处或者单处罚金；数额巨大或者有其他严重情节的，处三年以上十年以下有期徒刑，并处罚金；数额特别巨大或者有其他特别严重情节的，处十年以上有期徒刑或者无期徒刑，并罚金或者没收财产。

律师说法：

骗子冒充亲戚一般是针对独自在家的老年人作案，有两个版本：农村版和城市版。

（农村版）诈骗者会先敲开房门，见到老人后开始套近乎："姨姥，您不认识我啦？""舅老爷，还记得我不？"刚开始老人都会诧异，但诈骗者会一直以自信而轻松的口吻让老人们继续回忆"自己多年未见，但确实存在的一个晚辈"，直到受骗老人努力回想起一位亲戚；诈骗者马上表示自己就是那个人，再声称自己要买水泵或其它农具，手里还差几千块钱，想跟老人先借一下下午就还……等老人们掏钱借出后，骗子就一去不复返。

（城市版）诈骗者开着豪华车辆，衣着得体地敲开老人家门；自称是老人的"远房亲戚"；让老人努力回忆直至其误认为骗子是某人；以临时在附近修车、手中现金不够为由，向老人们张口借钱。

在与老人见面时，骗子还会以假乱真，一是通过非法途径获取老人亲戚的姓名、家庭住址或单位，在见面时随口说出增加可信度；另一种情形是装模作样拨打电话，利用老人不易辨别声音的弱点，让老人与对方通话，使老人误以为与自己通话的人就是自己的亲戚。

老人遇到陌生人登门借钱时，千万不要相信，更不能借钱给对方，切忌被骗子的花言巧语所迷惑。

 特别提醒：

除了冒充亲戚借钱，还有冒充自来水公司、燃气公司等单位的工作人员上门行骗的，比如冒充自来水公司工作人员上门免费安装净水器收取押金。遇到不明身分的人上门，可以告诉给物业，或者向自来水公司、燃气公司核实。

最近几年还出现过冒充房东的事件。诈骗分子冒充屋主，将其租期已满或即将届满的房屋用长期租借的方式转租给别人，骗取租金，甚至有的将本人已出售的房屋再转卖给他人，骗取房款。因此，租借、购买房屋、土地使用权时，要查验对方的房屋所有权证、土地使用权证等，最好到房管、国土等部门进行交易。

2. 连环促销得小便宜赔大钱，拿身份证领优惠品更不能信

典型案例：

　　浙江临海杜桥各大菜场、小区等地的居民一天都拿到一张宣传单，上面写着：厂家将在电影院开展 9 天的爱心促销活动，凡到场的人均可免费获赠不锈钢脸盆。第二天，以赵某为首的促销团队首先兑现了宣传单上"免费赠送脸盆"的承诺，接着开始介绍此次促销活动的产品，但是当天的产品只接受预订，支付 10 元预订金后领取"预订卡"。第三天凭"预订卡"补齐差价后拿产品，同时获赠一张"惊喜卡"。预订之后又不想买的，也可退还预订金。听完介绍，很多老年人动心。陈大妈当场付了 10 元预订金，预订一个健康茶杯。第三天，陈大妈拿着"预订卡"和 90 元现金购买了一个茶杯并获赠一张"惊喜卡"，并被告知凭"惊喜卡"能全额退还买茶杯的本金 100 元。

　　尽管怀疑，陈大妈转天还是来了，果真凭着"惊喜卡"拿回 100 元钱，这下陈大妈觉得"赚大了"，很多老人也动心了。如此，促销活动如火如荼地开展了六天，很多老人免费领到了健康茶杯、炒锅、组合锅等产品。到了第八天，赵某等人推出了价格较高的电压力锅、豆浆机，并承诺转天再凭"惊喜卡"领取惊喜。老人们完全没有防备之心，纷纷抢购产品。

　　然而，第九天，当老人们一早拿着"惊喜卡"兴高采烈地去退本金时，却发现赵某等人已不见踪影。据统计，此次"促销活动"共让 94 名老人上当受骗，被骗金额累计 9 万余元。

法律条文：

《刑法》第二百六十六条规定，诈骗公私财物，数额较大的，处三年以下有期徒刑、拘役或者管制，并处或者单处罚金；数额巨大或者有其他严重情节的，处三年以上十年以下有期徒刑，并处罚金；数额特别巨大或者有其他特别严重情节的，处十年以上有期徒刑或者无期徒刑，并罚金或者没收财产。

律师说法：

此类骗局中，骗子已摸透了老年人愿意贪小便宜的心理，经常打着"免费赠送""低价销售"的旗号吸引老年人参加，并在活动的开始施点小恩小惠，降低老年人的防范心理。

此类骗局中，除了生活用品，神药、包治百病的保健品，也是骗子们常常用来推销的。在推销保健品时，骗子首先抓住了中老年人贪小便宜的心理，向老人发放鸡蛋、面粉等，或邀请老人免费出游，其实这都是为了赢取老人的信任。其次，在推销过程中，骗子"投入"大量感情，阿姨长阿姨短，哄得老人十分开心，甚至比自己的亲生子女更亲，老人由此逐渐掉入圈套。另外，不法分子多是利用中老年人注重身体健康或治病心切的心理实施诈骗，导致这些受害人被"名医神药"迷惑，进而造成财务损失，严重者甚至影响生命安全。

在平时，老年人不要一味贪图"便宜"，不要盲从商家的介绍，购买商品时要留意产品的相关信息，索要销售发票；在消费时，尽量跟子女商量，让子女给自己把把关。一旦受骗，马上报警。

特别提醒：

一些不法分子在进行产品促销时，还声称凭身份证领取，这更要注意了。为了保险起见，个人身份证及复印件不要随便外借，如果请他人代自己办事，也要托付给信任的人；平时不要保留身份证复印件，随时用随时复印，复印后一定要销毁残次品；一旦被要求必须使用身份证复印件，务必问清用途，在给对方用于备案的身份证复印件上明确写明用途，标注文字应覆盖在身份证的影像之上；丢弃身份证复印件时先将其撕毁。

3. 捡到刮刮卡"喜中"万元？
不是馅饼是陷阱

📁 **典型案例：**

　　南京老人汪某一天上午从菜场买完菜回家途中发现地上有很多刮刮卡，便饶有兴趣地捡起来一看，原来卡上写了"开心购物、幸运有您"字样，一等奖是某大型购物超市 1000 元的储值卡，汪某便停下来开始刮奖，一连刮了几张张张中奖，加起来一共可以获得储值卡近万元。汪某心想运气真好，赶忙给卡片上的联系电话拨了过去，店方故作神秘，详细地询问了汪某中奖的来龙去脉，并告诉汪某这些卡应该是员工不小心遗落在路上的，让给汪某捡了一个大便宜，店里员工为此都被开除了，既然汪某能够如此幸运地"捡到"大奖，那店方准备慷慨一次，全额给汪某发放奖品，但是领取前要根据奖品数值缴相应的保证金，按照目前获奖数额需先行支付 26 万元保证金，事后保证金还退给他。汪某欣喜若狂，立马赶往附近的邮政储蓄银行汇款 26 万元，工作人员见数额如此巨大，再加上老人的急急忙忙，不放心请来了民警。民警了解情况后明确告知汪某是遭遇了"刮刮乐"中奖诈骗，才制止了汪某的汇款行为。

📖 **法律条文：**

　　《刑法》第二百六十六条规定，诈骗公私财物，数额较大的，处三年以下有期徒刑、拘役或者管制，并处或者单处罚金；数额巨大或者有其他严重情节的，处三年以上十年以下有期徒刑，并处罚金；数额特别巨大或者有其他特别严重情节的，处十年以上有期徒刑或者无期徒刑，并罚金或者没收财产。

律师说法：

此类诈骗案件特点是，刮刮卡大多数扔在人多的地方，随地投放，以中奖巨款引诱，电话联络，结伙作案，异地汇款。

这种诈骗手段有一定的"高明"之处。一是骗子往往丢好几张刮刮卡，并且只有一张中奖，这样给人感觉就像是真的中奖。二是道具刮刮卡一般丢弃在人流密集场所、街头、小区、公厕等地，具有无意遗失的假象，比手机中奖信息更具欺骗性。三是附带详尽的购货单据和单位印章，显示出东西的真实性，误导受害人的判断。四是"大奖"是路人自己刮出来的，用"意外之财"的喜悦冲昏路人的头脑。五是以巨奖和不收取任何费用引诱受害人上钩，再借口手续费、公证费、税费等名义要求受害人汇款。其实，预防诈骗很容易，只要不心存贪念，骗人的把戏就不会得逞。

预防此类诈骗也很简单，不要以为天下有免费的午餐，不要相信天降大奖。遇到不确定的中奖彩票、中奖号码、中奖券等信息，要告知亲友共同分析辨别，同时，可到指定的营业网点或就近派出所求助民警进行核实，切忌直接联系对方提供的电话。另外，要掌握一些兑奖常识。中奖后的保证金、所得税一般会直接从奖金内扣除，不存在先行支付的情况。假如遇到对方称"不如期缴纳保证金、所得税就会被逮捕、被起诉"，广大市民可拨打 110 或直接到派出所报警咨询。

 特别提醒：

捡到"巨额奖金"刮刮卡这种"天降横财"的骗局还有另一种套路：寻宝。

突然有一天，有人手中拿来一张已发黄的藏宝图找到您，称因地形不熟悉，看您人老实本分，特找您一同去挖掘宝藏平分。当您按图去找时也真的找到了"宝物"，在分"宝物"时，骗子提出：宝物先放在您处，您先借点钱给他，他到外面联系买主，等宝物卖后再还给您钱，并给您一定的好处费。随后，骗子拿到钱后逃之夭夭。切记：陌生人上门邀您寻宝绝对是骗局。

4. 30 元按摩不成 2300 元被盗，提防 5 种类型仙人跳

典型案例：

湖南省醴陵市的蔡某一天在菜市场买菜时，遇到了一个衣着艳丽的女子招呼："要按摩吗？ 30 元一次。"蔡某觉得便宜，便答应了，跟着女子来到出租屋，将外套放在靠门的衣柜上，然后躺在床上，接受女子的按摩。没多久，女子接到一个电话，便借口要上厕所匆匆离去了。蔡某等了好久，见女子没回，便起来穿衣，却发现衣服里的 2300 元钱不见了。他赶紧报警。原来，在女子为蔡某按摩时，她的同伙悄无声息地打开衣柜的暗门，拿走了蔡某的外套里的钱。

法律条文：

《刑法》第二百六十六条规定，诈骗公私财物，数额较大的，处三年以下有期徒刑、拘役或者管制，并处或者单处罚金；数额巨大或者有其他严重情节的，处三年以上十年以下有期徒刑，并处罚金；数额特别巨大或者有其他特别严重情节的，处十年以上有期徒刑或者无期徒刑，并罚金或者没收财产。

律师说法：

仙人跳一般有以下几种类型——
（1）偷鸡不成反蚀米

作案手法：让姿色不错的女子勾引单身或落单的男性，或者利用手机交友软件和网站，表达想要与男方交往的心意。等男方到达相约地点时，自称女方男友或者家属的人出现，以调戏女友、家属为名要求赔偿数千元或上万元遮羞费，否则会围殴受害人。受害人为逃过皮肉之苦，通常花钱消灾。

（2）画饼充饥落陷阱

作案手法：犯罪份子利用人们猎奇心理，提前设下陷阱，用甜言蜜语让人卸下心防，打消顾虑，一步一步踏入她的温柔陷阱，从而实施诈骗。这种连小手都没牵到就要被狂诈一番，只能说众多仙人跳招式中，死得最不明不白的！

（3）抓获现行遭勒索

作案手法：此类型的"仙人跳"一般情况下可分为两种：一种是某些场所故意勾引男士，到酒店开房后进行敲诈，如若不给以报警要挟，而男士则会被公安机关关押半年甚至更久，而具体审判原则也比较模糊，如果女方一口咬定男方强奸，就算无其他人证物证男方也会被判处数年之久；另一种则是情人间事情败露，被一方抓住把柄之后，不得已设下圈套，在两人再次幽会时被抓获现行，借机敲诈。

（4）镜花水月一场空

作案手法：犯罪分子利用网络，通过虚拟一些诸如模特、演职人员等身份，再佐以姣好的面容、火辣的身材吸引异性。交往期间，极尽挑逗的语言、赤裸裸的表白慢慢引人上钩。之后，便会以家庭、朋友困难为由，开始借钱，期间不断承诺见面、约会等，当受害者感觉到有异样时，她们也玩起了失踪游戏。

 特别提醒：

一些网络直播平台也搞类似的"桃色陷阱"。重庆市公安局巴南区分局今年4月就披露，该局捣毁了一个网络直播诈骗网站，网站女主播称充值后可看"特殊画面"，以此诱导用户充值诈骗，但用户充值后，并没有看到所谓的"特殊画面"。该网络直播平台涉案金额700余万元。

5. 黄金变青铜损失5万，其实是种调包类骗局

 典型案例：

　　山东省青岛星海某小区的苏大娘，在自家楼下偶遇3个人。其中一人说，"大娘，我们家里出了意外，急需用钱，想把手头的金货便宜卖了，你帮帮忙吧。"见苏大娘有些犹豫，另一人说道："咱们可以到打首饰的地方去验货。"平素喜欢金货的苏大娘跟3人去了两家首饰店，两家验完都说是行货。看这包金子比在金店买能省两万元左右，苏大娘动心了，约好第二天到旅馆房间一手交钱一手交货。第二天，双方准时见面，对方让苏大娘看了那包金货，苏大娘交给对方五万元钱。"我给您打包。"其中一人把金货拿走，另两人陪苏大娘聊天。几分钟后，苏大娘拎着打包好的金货回了家，心里暗自庆幸捡了一个大便宜。可老伴打开包装一看，这哪里是黄金，明明就是一包黄铜。苏大娘十分生气，可惜返回旅店时，骗子早就跑掉了。

法律条文：

　　《刑法》第二百六十六条规定，诈骗公私财物，数额较大的，处三年以下有期徒刑、拘役或者管制，并处或者单处罚金；数额巨大或者有其他严重情节的，处三年以上十年以下有期徒刑，并处罚金；数额特别巨大或者有其他特别严重情节的，处十年以上有期徒刑或者无期徒刑，并罚金或者没收财产。

律师说法：

　　此类骗局中，骗子往往以假字画、假金佛、假金龟、假邮票、假首饰、假古董、假钻石、假宝石等为道具，在火车站、农贸市场、田间与人套近乎。他们自称是"勘查人员"或称其家中出急事，需低价出售手中的"宝物"。在你犹豫不决时，又出现一个"托儿"，称是这方面的行家，比如是银行职员、古董专家等，对假货进行鉴别并予以肯定。你如果还不上钩，他们还有一招——又有一人出场，以高于市价收购，这时你心动了，昏头昏脑地拿出银行存折、首饰或从亲朋好友处借来钱款，去换来一堆不值钱的假货。在日常生活中，广大群众切莫为了贪小便宜而吃大亏，要提高警惕，以防上当。

　　特别提醒：

　　这些年频繁出现的"捡钱分钱"骗局也是一种调包类骗局。骗子在路边、商场等地有意让事主看到有人遗失"钱包"或"钱物"，然后又称"见者有份"，等事主进入圈套后，便实施调包。切记：碰到生人捡到钱财，确莫贪心，要知事上没有不劳而获的钱财。

　　现在还出现了一种调包新骗局：借别人手机打电话，然后将其换成模型。重庆九龙坡区石桥铺张先生曾路遇一名借手机打电话的陌生男子。一分钟不到，该男子电话打完了，把电话往张先生手里一塞，说声谢谢了，转身就走。走出10米开外，该男子拔腿就跑，转眼没影了。张先生意识到不对，细看自己手机，竟然是个模型机。

　　另外，近些年出现的"设局聚赌诈骗"也是一种类似调包类的骗局。不法分子在车上、街头、旅馆或其他公共场所，以扑克、象棋、铁瓜子、套红绿铅笔、套杯子等设局，利用人们的赌博心理进行诈骗。这种骗术，往往有五六个人搭配进行诈骗。这种把戏中掺有魔术一样的调包技巧，外人是永远赢不了的。

6. "好心人"帮助取款刷走 6 万，ATM 机操作勿信陌生人

 典型案例：

浙江台州 70 多岁的张阿公一天去社保局，准备就近取钱交社保金。可是，到了社保局后，他就犯愁了，这里的农业银行网点只有 ATM 机，没有柜台，张阿公完全无从下手。这时，一个"热心肠"的中年男子迎了上来，说可以帮忙。张阿公很高兴，把卡给了男子，并告诉了密码。中年男子查看后，说这个 ATM 机取不了多少钱，他知道一个地方可以多取点钱。张阿公信了，跟着中年男子去了一台 POS 机，刷走阿公卡内的六万八千元钱，然后骗阿公说 pos 机坏了，无法进行取款，让阿公自己去银行取款。等张阿公再次找到银行时，发现自己卡里的钱早已不翼而飞。

法律条文：

《刑法》第二百六十六条规定，诈骗公私财物，数额较大的，处三年以下有期徒刑、拘役或者管制，并处或者单处罚金；数额巨大或者有其他严重情节的，处三年以上十年以下有期徒刑，并处罚金；数额特别巨大或者有其他特别严重情节的，处十年以上有期徒刑或者无期徒刑，并罚金或者没收财产。

 律师说法：

这类骗局是骗子利用老年人对 ATM 机操作的不了解而行骗。老年人去取款，最好家人陪同一起去，老年人单独去取款时，最好去柜台咨询工作人员进

行操作。

这类骗局还有另外一种方式：犯罪分子采取团伙作案方式，以自我防范意识差、对柜员机操作不熟悉的人为侵害对象，多人合伙在持卡人取款时偷窥密码，在柜员机连接过程中，以帮助操作为名，制造"吞卡"假象，随后再告诉持卡人到银行联系取卡事宜时，取出银行卡到异地取款。所以，老年人在ATM机取款时，一定不要随意把银行卡交给陌生人操作，不要随意告诉别人密码。

 **特别提醒：**

在银行柜员机上动手脚，取得持卡人的卡号和密码后进行诈骗，还有另外两种方式：一是不法分子在银行柜员机上张贴假通知，误导持卡人按照通知中的提示操作，把存款转入犯罪分子预先设置的帐户中；二是不法分子在柜员机不显眼处张贴柜员机故障的通知，要求被吞卡的用户拨打指定的电话，同时在柜员机出卡口上放置一个简易套卡装置，持卡人一旦将卡插入柜员机，就会被伸入卡口内的小夹子卡住无法使用，又无法退出，造成柜员机显示"暂停服务"。当持卡人按假通知提示拨打相关电话后，犯罪分子设法骗持卡人透露密码，待持卡人离开后，取出卡、盗取资金。切记：不要轻信柜员机上张贴的"通知"，看到通知请咨询银行工作人员，而不要去问陌生人。

帮忙类骗局还存在现实生活中的许多方面，比如一些诈骗分子抓住事主急于求成的心理，谎称可以走捷径帮助解决工作、子女上学、走私车入户、办理农转非户口、办理护照、办理各种证件、介绍涉外婚姻等，索要"活动费""疏通费""办证费"等，骗取钱财。因此，找工作、婚姻介绍等要找正规中介机构；办事不要抱着侥幸心理，一定要通过正当途径。

7.6万元买回废秘鲁币，
路人私换外币信不得

典型案例：

呼和浩特市赛罕区 67 岁的高丽（化名）一天在送完孙女上学后回家，路上碰到一名肩背皮包的男子。男子打开皮包指着包里一堆证券样的东西悄声对老人说："我这里有面额 5000 元的香港和美国的证券你要不要？现在市面上兑换人民币的汇率是 1：2，也就是 1 万元能兑换人民币 2 万元，现在我急需钱，按 1：1 的汇率卖给你。你要不要？"老人在犹豫时，一个身穿法院制服、自称是中级法院法官的男子表示那纸币是真的，并爽快地拿出 10 万元现金与背皮包的男子换。高丽信以为真，要背皮包的男子跟她一起回家取存折。就这样，老人将自己存折里 6 万元钱取出来购买了 12 张面值 5000 元的所谓证券。后来她发现，所谓的香港和美国的证券其实就是秘鲁最早的货币"印蒂"，早已不在市面上流通了。

法律条文：

《刑法》第二百六十六条规定，诈骗公私财物，数额较大的，处三年以下有期徒刑、拘役或者管制，并处或者单处罚金；数额巨大或者有其他严重情节的，处三年以上十年以下有期徒刑，并处罚金；数额特别巨大或者有其他特别严重情节的，处十年以上有期徒刑或者无期徒刑，并罚金或者没收财产。

律师说法：

当今世界上共有 170 余种货币，按照我国外汇管理规定，我国银行只收兑其中的 21 种自由兑换。这 21 种外币中又只办理美元、日元、欧元、英镑、德国马克、法国法郎以及港元 7 种货币的现钞和汇户存款。此外，还可以办理加拿大元、荷兰盾、瑞士法郎、比利时法郎等币种的汇户存款。

秘鲁币在我国根本就不属于可兑换货币，在我国境内既不能兑换任何一种货币，也不能用于消费，只是一张废纸而已。"外币"诈骗中常有一些骗子用秘鲁币、巴西币、越南币冒充硬通货来行骗，一些缺乏外汇知识的人很容易上当受骗。

私换外币不但会扰乱金融市场，而且还可能给自己带来钱财损失。市民应到正规的金融机构兑换外币，不要因贪图非分之财而上当。

 特别提醒：

目前在我国发现了不少假美钞，广大群众要留意。这些假美钞的主要种类有：

（1）由机器批量印制的伪钞；

（2）改写面值的假钞。由于美钞尺寸大小均一致，票面图案花纹的安排也近似，因此只须改变面值，就能以假乱真，如把 1 美元改写为 100 美元、把 5 美元改写为 50 美元等；

（3）变造的伪钞，就是将一张钞票剪成若干小条，从每张钞票中取出其中的一条，再用数条拼成一张完整的钞票；

（4）已经停止流通的旧版币。

8. "风水大师"扮租客骗钱，"拿钱做法事"是常用语

 典型案例:

扬州独居的吴老太对外出租房屋，一天，两名男子来看房，转了一圈后摇头说："老太太，你家的风水很不好。时间一长，会出大事。"两人声称，自己是学土木工程专业的"风水大师"，会看风水驱鬼。为了以后的起居安全，吴老太请求两个"风水大师"帮家中"驱鬼"，两个"风水大师"以"驱鬼有办法，但要现金才能作法"为由，代为保管吴老太现金5.7万余元现金及部分金饰品，过几天退还，但几天后逃之夭夭。

 法律条文:

《刑法》第二百七十条规定，将自己代为收管的他人财物或将他人的遗忘物、非法占为己有，数额较大，拒不交出或退还的构成侵占罪。

律师说法:

"哎呀不好，你家可能有血光之灾！""我认识某某灵验大师，可以帮你祈福消灾，我带你去！""我是大师的女儿，我爸说要提供首饰现金作法！"这是这类骗局常用的语言。

这类诈骗通常也是团伙作案。在实施诈骗过程中，每次均有四至五人参与，其中一人或二人开汽车接应，一人假扮问路人，一人假扮带路人，一人假扮算命大师或医生等亲属，一人跟踪望风。当发现适合诈骗的被害人时，被告人等

人互唱"双簧"，通过聊天的方式套取被害人的个人和家庭信息，相互通风告知后，再由假扮大师或医生亲属的同伙"算出"被害人家里近期将有血光之灾，需要被害人拿钱来做"法事"消灾，做完"法事"再将钱退回被害人，但却一去不复返。

部分人之所以迷信风水，一方面与信仰的缺失、命运的不可捉摸、政府的变化等多种因素相关，但更重要的是与自身希望少付出多得到的心理相关。人的一生中，不可预测的变化太多，人的命运也在不断地变化。因此，要辩证地看待命运，更要关注的是踏踏实实做好当下应该做的事情，努力了就会变得更好。不被过去和未来牵着鼻子走，内心就不会纠结。

 特别提醒:

最近多年还发生多起假借"报恩"名义进行诈骗案件的案件。情节一般是这样的：嫌疑人驾驶轿车，以寻找父辈的恩人报答当年救命之恩为名物色对象，将一些假币、冥币冒充外币，要求受害人也拿出部分人民币，放在一起拜祭祖先，趁受害人不备将人民币替换。有的骗子自称多年前受到过受害人恩惠，接近受害人取得信任后，或抢劫财物，或骗取钱财。

9. "医托"装工作人员帮挂号，
要去院外就医八成是骗子

典型案例：

山东聊城老人关某天独自去聊城市某医院做体检，由于当天就诊病人较多，挂号非常困难。关某正叹气，一名青年男子主动走来向关某打招呼，自称是医院工作人员，可以帮他快速挂号。随后男子离开了一会儿，再次出现时手里果然多了一张挂号单。就在关某千恩万谢时，男子又称专家在医院外坐诊，带着老人进了一间不太好找的居民房，屋内摆满了各种药物药剂，还有一名身着白大褂的中年男子，那就是所谓的"专家"。看病拿药仅几分钟的事，关某花去了 800 元钱。走前，"专家"还嘱咐老人后天要来医院复查。关某的女儿知道这事后，陪同父亲进行查实，关某才发现自己被骗了。

法律条文：

《刑法》第二百六十六条规定，诈骗公私财物，数额较大的，处三年以下有期徒刑、拘役或者管制，并处或者单处罚金；数额巨大或者有其他严重情节的，处三年以上十年以下有期徒刑，并处罚金；数额特别巨大或者有其他特别严重情节的，处十年以上有期徒刑或者无期徒刑，并罚金或者没收财产。

律师说法：

"医托"就是医疗骗子，他们引诱患者到黑医那里就诊，然后从诊费中提成利润，诊费越高、上当者越多，其利益越大。甚至有些医托不择手段，欺诈，恐吓，甚至明抢。对患者落井下石，危害甚大。医托的手段主要有以下几个：

（1）伪装：有的扮成夫妻、有的扮成兄妹、有的伪装成患者，双双对对装出同情关心患者的样子，和患者套近乎，诉说假经历，取得病人的信任后，医托就说亲身经历，谎称大医院看病贵、治不好，在某某诊所、某某地方有专家治这种疾病，并且便宜、有效果；甚至有的还带上小孩，让小孩装病人，让病患产生同情，从而更加相信对方的说辞。

（2）欺诈：假称为医院接站人员，假称分院工作人员，经常给患者谎称说今天你要看的这个专家不在这个医院坐诊，而在某某地方坐诊，欺骗患者去，以指路的形式指引患者到黑医处就医。

（3）恐吓：将患者引诱至黑医处后，使用多种手段实施恐吓。比如夸大患者病情，强调只能在这里治好，诱骗患者交钱。

（4）明抢：对于不花钱，或少花钱的患者，则暴力明抢。

防范医托要做到这几点：对于可能暴露患者身份的物品，如挂号单、X光片、病例本等，尽量放置在行李深处，不要外露，以免医托借此行骗；对于主动搭讪的"热心人"，要保持警惕；不要相信外人给你现身说法，他主要目的就是夸大病情，阻止大家到正规医院来看病。

如果就医时感觉明显受骗或人身安全受到威胁，建议保留证据，并迅速拨打110报警，由公安部门依法进行查处。

 特别提醒：

买火车票时，很多人会遇到黄牛，一定要注意黄牛党的三种骗人方法：

"移花接木"型：将废票、短途票的日期、票价、到站、座别等项目用刀片、胶水等工具割开，进行粘贴涂改，使废票日期变成有效日期，短途变成长途，低价变高价。对于急于购票上车又买不到当天车票的旅客来说，如不仔细察看和对着亮光照验，很容易受骗上当。

"偷梁换柱"型：一些票贩子对急于购票的旅客谎称自己和车站工作人员有关系，或冒称自己就是铁路职工，在取得信任后，将旅客的钱骗走后溜之大吉。

"狸猫换太子"型：一些违法人员冒充铁路职工以查验车票或改签车票为由，将旅客手中的车票换走。

10. 玩游戏充值被骗 5 万，
不能让陌生人远程操控电脑

典型案例：

解大爷退休后回到老家湖南株洲生活，爱上了 QQ 游戏中心玩一款名为"玫瑰小镇"的种花小游戏。一天，有"QQ 客服"在网页上发布加某某 QQ 号可 10 元购买 1200Q 币的活动。解大爷想这或许是腾讯公司人员发来的，即使是假的，也只是损失 10 元钱，于是加了这个 QQ 为好友，通过网银转了 10 元钱给对方账号。10 元交易成功后，对方突然提出 1 元钱手续费，让解大爷接受了远程操控，还让解大爷关闭了 360 安全卫士和 360 杀毒软件。然后，就在网银支付完 1 元手续费后，解大爷的电脑就黑屏了，怎么开也开不了。解大爷跑到附近的银行柜台查询余额，发现卡里被转走了 49991 元，加上之前自己支付的 10 元钱，一共五万零一元钱。

法律条文：

《刑法》第二百六十六条规定，诈骗公私财物，数额较大的，处三年以下有期徒刑、拘役或者管制，并处或者单处罚金；数额巨大或者有其他严重情节的，处三年以上十年以下有期徒刑，并处罚金；数额特别巨大或者有其他特别严重情节的，处十年以上有期徒刑或者无期徒刑，并罚金或者没收财产。

律师说法：

现在很多人都离不开电脑，电脑信息系统安全尤为重要，一定不要轻易答应陌生人的远程操控电脑的要求。

网购时，一定小心谨慎。一般情况下，骗子会使用"转账没成功""订单无法确认"或"订单没有邮寄详细地址"等理由欺骗网民，诱骗网民下载其提供的带有木马病毒的软件或为了摆脱淘宝网的"反钓鱼"拦截系统而改用 QQ 等聊天工具。

遇到这种情况，网民千万不要因害怕损失了钱财而惊慌，一定要冷静应对。因为人在惊慌时会做出错误的判断，从而做出错误的行为。如遇到对方要求启动远程控制帮助，千万不要轻易做。因为一旦启动远程控制，任何人都可以在异地通过网络控制你的电脑。

另外，现在网络上"假客服"事件多。获得了消费者的购买信息后，自称网店客服的骗子会以购买的商品因系统故障没有支付成功等为由，通过发送链接等形式套取购买者的银行卡等账户信息。

 特别提醒：

现在网游风行。在网游中，不法分子经常利用玩家"认为只有小额损失"的心理，进行虚拟游戏币及游戏装备的买卖，在骗取玩家信任后，便巧立名目，环环相扣，骗取玩家钱财。切记，真正的游戏运营商的工作人员是不会索取玩家账号等信息，或是让玩家打款到指定用户。

对于游戏玩家在浏览网页过程中出现的优惠信息及中奖信息要加以高度警惕，仔细辨别是否是"钓鱼网站"，是否为虚假客服，而对于从事网上交易的卖家，一定要使用正规线上支付系统，切勿轻易向他人透露交易信息。玩网游时，输入密码尽量使用软键盘，并防止他人偷窥。

11. 花光积蓄，
退休法官还想拉儿子入传销

典型案例：

张女士退休前是西北地区某法院的法官，从事审判工作 27 年。2010年秋季，利用休年假的机会，张女士到广西北海度假。没想到，几天后，她在这里被传销人员拉进传销组织，并很快洗脑，自己和父母辛辛苦苦积攒下来的近 30 万元打了水漂。

张女士介绍，不法传销人员曾声称，只要入股 6.98 万元，然后再拉 29个人入股，就能获得 1040 万元巨款。进入传销组织后，张女士一心想成功，做点大事，自己的几万元投进去后，2011 年初，她向法院请了假，借了父母 20 万元养老钱，带着弟弟、姐夫来到北海。弟弟、姐夫一到驻地，发现她从事的是传销，执意要带她回去，但她死活不愿回去，最后，他们彻底闹僵。不甘心的张女士这时想到了还在上学的儿子，甚至给他买好了赴北海的机票，但在弟弟、姐夫等人的阻止下，儿子最终没有上当。

张女士的儿子为了救她，找到了中国反传销爱心互助网帮忙，最终让母亲认识到自己从事的"事业"的确是传销，2011 年上半年，她彻底脱离传销组织。

法律条文：

《刑法》第二百二十四条规定，对组织、领导传销活动罪的处五年以下有期徒刑或者拘役，并处罚金；情节严重的，处五年以上有期徒刑，并处罚金。

律师说法：

陕西睿群律师事务所刑事部主任王世冰律师说：组织、领导传销活动罪是指组织、领导以推销商品、提供服务等经营活动为名，要求参加者以缴纳费用或者购买商品、服务等方式获得加入资格，并按照一定顺序组成层级，直接、间接以发展人员的数量作为计酬或者返利依据，引诱、胁迫参加者继续发展他人参加，骗取财物，扰乱经济社会秩序的行为。

 特别提醒：

谈到如何避免让更多的人陷入传销，退休法官张女士表示，大家一定要牢记：天上不会掉馅饼，致富除了靠勤劳和智慧，没有其他捷径。不要轻易相信掉馅饼的好事，即便是身边的亲戚朋友极力推销的"好事"，也一定要擦亮眼睛。另外，传销人员深谙人性，善于打亲情牌，大家对此一定要加以防范，尤其是涉世不深的年轻人更要提高警惕。"总之，大家一定要擦亮眼睛，千万不要沾染传销，否则噩梦般的生活就开始了。"

12. 微传销买虚拟货币
坑了女儿坑亲家

 **典型案例:**

2015年底,55岁的私营业主张运梅在QQ群里接触五行币,后被人拉入"五行之家"微信群,群里大肆宣传:全球限量发行5亿枚,一天一个价,要买趁早买。注册会员分为三个级别:注册费500元、2500元、5000元。低级会员可通过发展新会员赚40万,中级会员可以赚到200万……张运梅觉得5000元并不多,就试着买了1枚"五行币","说是纯金制造,背后连带着的是数字货币"。群里还贴出中国人民银行召集专家研究发行数字货币的新闻,"说五行币与央行即将发行的数字货币是挂钩的"。

张运梅一再动心,她后来又买下3枚股东币,一枚花费就高达6万元,成为一个微信群的负责人,"我又说服女儿和亲家买了股东币"。直到6月初,张运梅得知五行币创始人张健(原名宋密秋)被捕的消息才如梦初醒,"现在家里吵闹不断,没法生活了"。

特别提醒:

"通过微信、QQ等发生的'微传销'正加速扩张,核心就是拉人头。"中国政法大学研究员武长海曾对新型网络传销做过调研,他认为,目前我国至少一半以上的传销为微传销。民间反传销第一人李旭介绍,最近三四年,网络传销的参与者呈爆发式增长,其中以中老年人居多。

为了帮助大家识破微传销骗局,武长海介绍了传销的三个主要特征:第一,让你交会员费,或者入门费;第二,让你发展下线会员,并许诺各式各样的提成；第三，设有层级关系，通过发展层级形式才能得到回报。

李旭也总结了"微传销"的相关伎俩和话术——

第一点，洗脑。比如群里以兄弟姐妹相称，有很多仪式化的程序，如升国旗唱国歌，经常发布一些公文、红头文件、领导人发言，营造一种干大事业的气氛。

第二点，运用一些驳不倒的话术，最典型的就是"宏观调控"。即便是出了问题，都会宣传成国家正在进行"宏观调控"、公安假装打击、媒体假装曝光，称实际是为了维持行业的稳定。

如果您不小心遭遇微信群传销，可立即在微信上投诉，具体步骤为：1.个人聊天窗口-右上角菜单-投诉-存在欺诈骗钱行为；2.微信群聊天窗口-右上角菜单-投诉-群成员存在欺诈骗钱行为。

综合《半岛晨报》《齐鲁晚报》《南京晨报》《株洲晚报》《扬州时报》《华商报》

第五章

婚恋及家庭纠纷

Hun Lian Ji Jia Ting Jiu Fen

1. 婚托行骗，
男子3次相亲被索4万多彩礼

典型案例：

湖北省洪湖市47岁的谢先生有过两段失败的婚姻，所以格外渴望再次找到合适的伴侣。2016年7月，他在婚恋交友网站百合网注册为会员。8月2日，他接到一个陌生电话，对方自称是武汉某婚介所的工作人员，可以为他介绍对象。当天，谢先生就赶到这家婚介所交了2000元服务费。红娘立即介绍一名姓陈的中年女子跟他认识。初次见面对方居然表示"愿意马上结婚"，这让谢先生既惊又喜。此后，陈姓女子以买手机和项链为由向谢先生索要1.4万元。

8月30日，两人一起与陈姓女子的"哥嫂"见面。"哥嫂"提到老家提亲的"规矩"是：不少于3万元。最后，谢先生拿出了1万元交给对方。随后，陈姓女子说第二天会联系他。结果谢先生等了一个月对方都没有现身。

2016年10月初，又有一名姓罗的中年女子主动联系谢先生，也说是从网上看到他的信息。罗姓女子不仅开车来见面，还自称是"做水管安装工程的"。这次，女方借见家人的名义，直接索要1万元彩礼。见谢先生有点迟疑，她还保证事情不成就退钱，"我还差你这么点钱？"结果，罗姓女子也是见了两面就玩消失。

就在罗姓女子失联半个月后，第三名姓刘的中年女子趁虚而入。这次谢先生吸取前两次的教训，先通过短信初步了解对方的情况。见面后，刘姓女子没有提彩礼的事情，只说自己想尽早组建家庭，这让谢先生放松了警惕。

随后，两人约好见女方的"母亲"。刘姓女子趁机表示家里经济状况欠佳，如果有个人能帮衬一下，她愿意马上结婚。谢先生当即掏出 8000 元钱交给"准丈母娘"，还奉送一条香烟作为给"准岳父"的见面礼。本以为这次能成功赢得芳心，接下来刘姓女子却总是以照顾母亲为由不愿意见面。等了一个月，谢先生再也联系不上对方，这才相信自己又上当了。

法律条文：

我国刑法没有直接规定"骗婚"罪，但并不说明骗婚行为就不构成犯罪。《刑法》分册针对不同的情况规定不同的罪名。招摇撞骗罪　《刑法》第二百七十八条规定，冒充国家工作人员招摇撞骗的，构成招摇撞骗罪，冒充人民警察招摇撞骗的，从重处罚。法理解释这里的招摇撞骗的目的为骗财骗色。第三百七十三条规定冒充军人招摇撞骗的，构成冒充军人招摇撞骗罪。重婚罪　第二百五十八条规定，有配偶而重婚的，或者明知他人有配偶而与之结婚的，处 2 年以下有期徒刑或拘。另外，第二百五十九规定有破坏军婚罪，一般来说，骗婚行为人是不打算与被骗一方结婚的，但不排除有配偶而人假结婚的情况。

如果没有上述行为，有可能构成诈骗罪　如果骗婚的目的是骗取对方的钱财，数额较大，则构成"诈骗罪"。诈骗罪的"数额较大"以 8000 元至 10000 元以上为起点。

特别提醒：

婚托诈骗案中的受害者多为五十岁以上的中老年人。这些"婚托"无论是能潜伏在婚介所诈骗，还是潜伏在婚恋网站"钓鱼"，行骗手法都一样：第一次见面、第二次拜会家人，目的就是以收"彩礼"的名义，诱使迫切想结婚的单身人士掏钱。百合网和世纪佳缘网的工作人员曾自曝，网上的在册会员真正有婚恋诉求的仅仅只有三成。另外 70% 的会员大都是酒托、饭托等。对于通过婚介介绍的对象，不要一见倾心。要经过多方考察，弄清对方真实身份和家庭住址、工作单位。登记结婚前，不要发生大额金钱交易。

2. 老人再婚，
女婿为争房产扬言要杀死老丈人

典型案例：

　　江苏泰州海陵区京泰路街道某社区居民李大爷61岁了，早些年，老伴因病去世，老人膝下有两个女儿，大女儿招了上门女婿，小女儿也已经出嫁。平时，李大爷和大女儿一家住在一起。

　　2015年上半年，经人介绍，李大爷认识了同样丧偶的五十多岁的于兰(化名)。经过几个月的相处，两人决定共度余生。2015年8月份的一天，李大爷把于兰带回家。谁知，到了晚上，大女儿、大女婿等6个人气势汹汹冲进来说必须把于兰赶走。说到女儿女婿们要把于兰赶走的原因，李大爷猜想，可能和他家的房产有关。

　　李大爷家有四间早年建好的楼房，还有三间平房。同住一起的大女儿大女婿同意李大爷找老伴，但担心自家房产会因老父亲再婚，而落入外人之手。

　　为了打消子女们的这一顾虑，李大爷答应，不和于兰领取结婚证，甚至承诺，把房产过户给子女们，并写好遗嘱：他和于兰只要在三间平房内颐养天年就可以了，自己百年后，家产归亲生子女所有。

　　事情到了这里，似乎已经解决了。然而，约定好的事情又出现了变故。由于三间平房没有房产证，不能过户，大女儿大女婿怕李大爷百年后，于兰会跟他们争夺家产，便不再同意两位老人继续生活在一起。

　　为了能留住这份感情，2015年10月28日，李大爷和于兰领取了结婚证。

　　得知这一消息后，大女儿和大女婿到李大爷居住的三间平房内，砸了房子里的东西，甚至在墙上留下一个"杀"字。2016年，李大爷一纸诉状，将大女儿告上法庭，请求法院分割家产。法院已经开庭3次，庭下调解多次，均因为李大爷大女儿大女婿不配合，至今没有结果。"没有调解的可能性，家里房子全是我的，我当初就是认这个房子来（入赘）的。"大女婿说。

法院透露，在多次调解无果的情况下，他们将依据相关法律法规，对这起案件进行宣判。

法律条款：

《婚姻法》第三十条规定："子女应当尊重父母的婚姻权利，不得干涉父母再婚以及婚后的生活。子女对父母的赡养义务，不因父母的婚姻关系变化而终止。"

《老年人权益保障法》第四十七条规定："暴力干涉老年人婚姻自由或者对老年人负有赡养义务、扶养义务而拒绝赡养、扶养，情节严重构成犯罪的，依法追究刑事责任。"

我国《刑法》第二百五十七条规定："以暴力干涉他人婚姻自由的，处二年以下有期徒刑或者拘役。犯前款罪，致使被害人死亡的，处二年以上七年以下有期徒刑。"

特别提醒：

现实生活中阻碍老年人再婚有以下三大障碍：

第一是世俗偏见的禁锢。一些人认为，老年人再婚是"老不正经"、"有伤风化"。这种偏见使老年人倍受压抑，动摇了老年人再婚的想法。

第二是老年人自身固有观念的束缚。有的老年人觉得自己再婚会让人瞧不起。还有的老人受"终身守节"、"一女不二嫁"等封建思想的影响，放弃了再婚的念头。

第三是子女干涉。一些年轻人认为，父母再婚"有辱门风"，自己脸上无光；父母积攒的财产也会流落外人手里。因此使用各种办法阻止父母再婚的目的。

由此可见，从法律上有针对性地强调保护老年人的婚姻自由，特别是再婚自由就显得尤为重要。在老年人再婚的问题上，除了消除世俗偏见，打消老年人自身不正确的固有观念这些无形的枷锁外，更重要的是防止子女对父母婚姻自由的阻挠和干涉，还老年人再婚自由的空间。

3. "黄昏恋"未婚同居 引发财产纠纷

典型案例：

　　江苏镇江男子伍先生离异后单身多年，随着子女陆续成家立业，且都收入稳定、家庭幸福，他开始考虑个人问题了。于是，他萌生了找个老伴的想法。

　　2010年底，经婚介所介绍，伍先生与张女士相识。经过几次接触后双方都觉得对方各方面条件都符合自己的择偶要求，于是确立了恋爱关系。

　　2011年6月，伍先生与张女士一同前往首饰店，由伍先生花5000元为张女士购买了订婚戒指和项链。一年后张女士子女买房缺钱，伍先生又给了2万元。同时，伍先生多次向张女士提出去登记结婚，但张女士总以各种理由推脱。伍先生就与张女士协商，提出双方好聚好散，只要张女士返还5000元的订婚戒指和项链以及2万元借款。

　　张女士同意分手，但不同意还钱。伍先生于是向镇江润州法院提起诉讼。庭审中，伍先生表示："戒指和项链是订婚送的，另外，2012年给张女士儿子2万元，是我借给他们的，张女士也答应年底还，但后来一直没还。张女士不肯和我登记结婚，钱也拖着不还。"而张女士对此则有完全不同的看法。她认为，"与伍先生一起共同生活了四年多，双方在经济上都有付出。伍先生买的金戒指和项链是订婚送给我的礼物，除非我主动提出分手，否则就不用还；伍先生给我儿子的2万元，也是伍先生得知我小孩买房缺钱自愿给的，而不是借的，以上两笔钱我都没有返还的义务。"

　　法院经审理认为，恋爱期间，原告伍先生出资5000元为被告张女士购买了戒指项链，应认定为男女在恋爱期间自愿无偿的赠与行为；原告伍先生给被告张女士儿子的2万元，并没有赠与的意思表示，应认定为借用。

最后，法院判决被告张女士返还原告伍先生 2 万元，驳回原告伍先生的其他诉讼请求。

法律条款：

《最高人民法院关于适用〈婚姻法〉若干问题的解释(一)》第五条第(二)项规定，1994 年 2 月 1 日民政部《婚姻登记管理条例》公布实施以后，未办结婚登记的，按同居关系处理。

最高人民法院《关于人民法院审理未办结婚登记而以夫妻名义同居生活案件的若干意见》第十条规定：解除非法同居关系时，同居生活期间双方共同所得的收入和购置的财产，按一般共有财产处理，同居生活前，一方自愿赠送给对方的财物可比照赠与关系处理

特别提醒：

在我国现在已不承认事实婚姻的大背景下，这极不利于当事双方维护自身合法权益。因为同居者的人身关系、财产关系都得不到法律完整保护，同居者之间没有相互扶助的义务，而夫妻之间有；同居期间一方的收入一般也不能算共同财产，而夫妻之间算，所以领证很关键。

其实老人们担心的婚后财产问题也是不必要的，只要双方在婚前作了"财产公证"就可以迎刃而解。比如，老人再婚可约定婚前财产为个人所有，婚后的退休金等收入为夫妻共有。另外，还有 AA 制等生活方式都可以借鉴和参考。老年人只有结婚合法领证，才能规避许多无证同居而引发的隐忧。

4. 黄昏恋未领证，
老伴去世后她被判搬家

典型案例：

1994年春节后，从工人岗位退下来的周婆婆与朋友合作做生意，认识了广州某高校的退休教授孙老先生。

当时，孙老先生妻子去世两年多，本人一直过着独居生活。周婆婆开始经常到孙老先生家照顾他的起居饮食。两三年过后，在孙老先生的建议下，两人开始共同生活。

周婆婆之前并无子女，而孙老先生有一儿一女，但据周婆婆称，当时他们也默认二老的关系。1998年，两位老人从先烈南路搬到孙老先生位于体育西路的家，也即后来涉案的房子，而且两人也一直未登记结婚。

2012年春节后，孙老先生中风入院，入院后连话都讲不清楚。但周婆婆并未让孙老先生立遗嘱或领证，只是每天都去医院照顾他。2014年3月，孙老先生因病离世。2014年4月的一天，周婆婆在孙老先生的女儿及其律师陪同下，到银行将孙老先生账户中的90万元多转至周婆婆账户中。但后来，孙老先生的子女通过周婆婆的外甥女告知，要求她归还90万元以及搬出老房子。"他们提出两个方案，第一是我留10万，同时拥有房子居住权，第二就是我拿20万，然后搬走。"当时周婆婆按第一个方案写了协议书，寄给他们，但对方回复时只写明转账账户，并未提及房子。因此周婆婆留了个心眼，未把钱转给他们。

2015年7月，孙老先生的儿女取得该套房子的继承权后，将周婆婆告上法庭，希望她能返还90万元以及搬离。2016年1月4日，周婆婆收到来自天河区人民法院的民事判决书，要求其在两个月内将体育西路的房子腾空并交还。

法律条款：

《最高人民法院关于适用〈婚姻法〉若干问题的解释（一）》第 5 条第 2 项规定，1994 年 2 月 1 日民政部《婚姻登记管理条例》公布实施以后，未办结婚登记的，按同居关系处理。

《最高人民法院关于人民法院审理未办结婚登记而以夫妻名义同居生活案件的若干意见》第 13 条规定：同居生活期间一方死亡，另一方要求继承死者遗产，如认定为事实婚姻关系的，可以配偶身份按继承法的有关规定处理；如认定为非法同居关系，而又符合继承法第十四条规定的，可根据相互扶助的具体情况处理。

特别提醒

黄昏恋同居不领证现象中，最易遭到权益伤害的可能是女性老人。由于女性老人的预期寿命长，而且再婚老伴的年龄往往比她们大很多，经常是男性老人先走一步。而女性老人不仅在日常生活中要照顾男性"老伴"的起居，而且在"老伴"生病住院期间，还得承担护理照料等工作，当她失去照顾能力时，则有可能被对方子女"扫地出门"。

律师提醒准备再婚的老年人，婚前早安排，婚后少纷争。双方可在婚前将各自的财产进行公证，对婚后的财产处置做好安排。只有履行了法律手续，在利益受到侵害时，才能获得法律的支持和保护。

5. 老夫妻再婚13年闹分手，财产怎么分？社区来调解

典型案例：

2017年4月13日，在山西省太原市万柏林区民政局婚姻登记处里，老周和妻子丁女士，心平气和地领取了离婚证，夫妻纠纷终于画上了句号。

老周和丁女士于2004年结婚，两个人都是第二次结婚，当时老周65岁，丁女士57岁，老周和丁女士双方各有一个女儿。在婚姻的初始阶段，双方相处得不错。随着时间的推移，双方年龄、性格、习惯、爱好等方面的差异逐步显现出来。

两年前，丁女士的女儿离婚了，想和母亲住在一起，于是就搬到老周这里，这件事直接引起了老周的不满。夫妻双方感情出现隔阂，时不时发生争吵。随后，老周背着丁女士，悄悄将自己的房产过户给了自己的女儿。2016年8月得知这个情况后，丁女士认为作为妻子，老周的房产自己也应该有份，夫妻双方渐行渐远，而最终决定分手。

老周答应离婚，丁女士提出，离婚后她和女儿都没有住处，让老周给她们母女一笔钱作为补偿，老周对此不接受。双方找到街道司法所咨询该如何解决。

街道司法所经过调查发现，老周的房产系婚前财产和丁女士无关。而在双方婚姻期间，双方的退休工资收入均由各自支配，但老周工资收入高过丁女士两倍，考虑到老周身体不好，丁女士这些年来也确实照顾老周要多一些，老周补偿丁女士也适当。最终双发达成一致。在老周给了丁女士补偿之后，丁女士也按协议约定搬离了老周的住处。

法律条文：

《婚姻法》第十七条 夫妻在婚姻关系存续期间所得的下列财产，归夫妻共同所有：（一）工资、奖金；（二）生产、经营的收益；（三）知识产权的收益；（四）继承或赠与所得的财产，但本法第十八条第三项规定的除外；（五）其他应当归共同所有的财产。夫妻对共同所有的财产，有平等的处理权。

《婚姻法》第十八条 有下列情形之一的，为夫妻一方的财产：（一）一方的婚前财产；（二）一方因身体受到伤害获得的医疗费、残疾人生活补助费等费用；（三）遗嘱或赠与合同中确定只归夫或妻一方的财产；（四）一方专用的生活用品；（五）其他应当归一方的财产。

《婚姻法》第十九条 夫妻可以约定婚姻关系存续期间所得的财产以及婚前财产归各自所有、共同所有或部分各自所有、部分共同所有。约定应当采用书面形式。没有约定或约定不明确的，适用本法第十七条、第十八条的规定。夫妻对婚姻关系存续期间所得的财产以及婚前财产的约定，对双方具有约束力。夫妻对婚姻关系存续期间所得的财产约定归各自所有的，夫或妻一方对外所负的债务，第三人知道该约定的，以夫或妻一方所有的财产清偿。

特别提醒：

再婚老人由于感情基础不牢、财产问题、子女反对等种种原因，离婚率居高不下。2014 年，一方或双方是再婚的老年人离婚案件占总数的 60% 以上。

调研显示，在老年人离婚案件中，涉及财产争议的案件比例高，近几年连续达到 90% 以上。对于老年人离婚时的财产分配，北京市二中院法官提示，如离婚时夫妻一方尚未退休、不符合领取养老保险金条件，另一方请求按照夫妻共同财产分割养老保险金的，不予支持；婚后以夫妻共同财产缴付养老保险费，离婚时一方主张将养老金账户中婚姻关系存续期间个人实际缴付部分作为夫妻共同财产分割的，应予支持。

此外，一方的婚前财产（如房产等）或其因身体受到伤害获得的医疗费、残疾人生活补助费等费用，以及遗嘱或赠与合同中确定只归夫或妻一方的财产，一方专用的生活用品等，均为夫或妻一方的个人财产。而夫妻一方个人财产在婚后产生的收益，除孳息和自然增值外，则应为夫妻共同财产。

6. 再婚老伴去世，
为争存款儿女状告继母

 典型案例：

1997 年 5 月，家住大连市的刘大爷与比自己小 11 岁的李女士结婚，由于两位老人都属于再婚，为避免将来产生不必要的麻烦和纠纷，两位老人在儿女的建议下，到公证处做了公证：刘大爷把自己名下现居住的这套房子赠予小儿子刘某。

为了表明在一起生活的诚意，刘大爷的小儿子在公证书上又写明：如刘大爷先于李女士过世，李女士可以在此房屋居住，直到过世为止，并且签下了自己的名字。

2016 年 8 月 15 日，刘大爷因病突然过世，未留有任何的遗嘱。老人去世后，留有 3 万多元的存款及老人去世后单位发给家属的一次性救济金等共 2 万余元。结果这笔钱让一家人彻底闹僵。

李女士表示，那 3 万元是自己当年积攒的，另外 2 万元也应该归自己所有。但刘大爷的儿女们认为，这 5 万元钱他们也应该有份，双方矛盾愈演愈烈。最后，刘家的几个儿女决定通过法律来讨个说法。在法院的调解下，儿女们放弃了父亲留下的存款及单位发放的救济金，同时老太太也放弃了在房屋继续住下去的权利。

法律条款：

《继承法》在第五条、第三十一条规定："继承开始后，按照法定继承办理；有遗嘱的，按照遗嘱继承或者遗赠办理；有遗赠扶养协议的，按照协议办理"；"公民可以与扶养人签订遗赠扶养协议。按照协议，扶养人承担该公民生养死葬的义务，享有受遗赠的权利。"

《继承法》在第七条、第二十一条中规定："继承人有下列行为之一的，丧失继承权：（一）故意杀害被继承人的；（二）为争夺遗产而杀害其他继承人的；（三）遗弃被继承人的，或者虐待被继承人情节严重的；（四）伪造、篡改或者销毁遗嘱，情节严重的"；"遗嘱继承或者遗赠附有义务的，继承人或者受遗赠人应当履行义务。没有正当理由不履行义务的，经有关单位或者个人请求，人民法院可以取消他接受遗产的权利"。

 **特别提醒：**

老年人晚年再婚引起的继承问题因涉及财产及继承人较多，导致情况比较复杂，如何有效避免或者解决相关法律问题，是老人及子女应提前考虑的问题。我们认为：老人之间可以通过书面协议的方式约定各自财产的归属；也可以通过立遗嘱的方式合法处分自己的个人遗产。

7. 兄弟为遗产反目，
幸有老母亲自书遗嘱

典型案例：

家住北京市大兴区的李先生与刘女士通过相亲结为夫妻，婚后夫妻共育有两个儿子，分别是李大与李二（均为化名）。

由于夫妻两个人性格及爱好差异较大，最终于2013年选择了协议离婚，并办理了离婚登记。离婚协议约定，位于大兴区某小区的房屋夫妻二人均分，各占一半。属于刘女士的一半房产，在刘女士去世后，由儿子李大、李二共同继承。

离婚后，刘女士患上了严重的心脏病，在其住院期间，儿子李大忙前忙后，这让刘女士感到很温暖。相比之下儿子李二则比较冷漠，这让刘女士很伤心。

于是，刘女士决定自书遗嘱，将属于自己的房屋份额全部留给大儿子李大。2014年刘女士亲笔写了一份遗嘱，将离婚时分得属于自己一半份额房产全部留给儿子李大，并签署自己的名字及相应日期，为了保险起见，刘女士还请来了单位的两位领导及主治医生作为见证人。2015年3月，刘女士不幸因病去世，李大、李二为继承母亲的房产发生争执，诉至法院。

法院经审理查明，涉案房屋系李先生与刘女士夫妻共同财产，二人在离婚时订立的离婚协议书中约定房产各占一半分额，属于真实意思表示，符合法律规定。

刘女士于2014年10月10日亲笔书写的遗嘱，经法院询问立遗嘱时在场的三名见证人，证实刘女士当时意识清醒，所立遗嘱符合法律规定合法有效，该遗嘱变更了其在离婚协议书中，将涉案房产相应份额由儿子李大、李二共同继承的意思表示，应以刘女士的自书遗嘱确定其最终的意思表示。

法院最终判决，涉案房屋属于刘女士的份额，全部由儿子李大继承。

 **法律条款：**

我国《继承法》第十六条的规定，公民可以依照本法规定立遗嘱处分个人财产，并可以指定遗嘱执行人。公民可以立遗嘱将个人财产指定由法定继承人的一人或者数人继承。

《继承法》第二十条规定，遗嘱人可以撤销、变更自己所立的遗嘱。立有数份遗嘱，内容相抵的，以最后的遗嘱为准。

特别提醒：

一份统计数据显示，2015 年和 2016 年间，广西南宁 98 件继承纠纷中，仅有不到 4 成的案件留有遗嘱；在涉及遗嘱的纠纷中，有三成代书遗嘱又因各种原因被判无效。

数据还表明，公证遗嘱在司法实践中被认定有效的可能性最高，该统计中有效性已经达到了 100%。自书遗嘱被认定有效的可能性仅低于公证遗嘱，本次统计中达到了 81.82%。值得注意的是，代书遗嘱虽是最常见的遗嘱形式，但其被认定有效的可能性较低，该统计中有近三成的代书遗嘱被法院认定为无效遗嘱。

报告显示，在全部案件中，请求分割房产的案件数量达 78 件，占比达八成。这一数据表明，虽然继承纠纷所涉财产类型较为纷繁复杂，但房产作为价值高昂的财产无疑是各方争议的焦点所在。对此，律师提示大家，为避免继承纠纷的出现，老人尽可能要在生前订立遗嘱，并在遗嘱中写明房屋归属和处理方式。

8. 老大爷去世两妻争房产，扯证的输了

 典型案例：

2015 年 4 月 12 日，四川省双流县居民黄大爷，走完了自己 81 岁人生。但由于事实婚姻遭遇结婚证，突然冒出来了两名"妻子"。

黄大爷的两位"妻子"，一位是 2009 年正式在民政局登记，并和黄大爷办理了结婚证的程婆婆。另外一位，则是和黄大爷生活了 50 多年，含辛茹苦哺育了多名子女长大的周奶奶，但周奶奶和黄大爷却一直没有登记结婚。

因为征地拆迁，黄大爷名下有一套 42 平米的安置房。黄大爷去世后，围绕这套安置房，争议发生了。其中，程婆婆一纸诉状诉至法院，请求法院确认，自己对黄大爷名下的这套房屋享有继承权。

对此，黄大爷和周奶奶的小女儿黄女士表示，"房屋拆迁后，父亲独自一人在簇桥附近租房居住。"黄女士坦言，因为种种原因，"父亲和家人关系不太和睦。"直到 2014 年，子女们才知道，早在 2009 年，父亲竟然又在民政局登记结婚了，配偶是比他小 30 岁的程婆婆。

而当地社区居民委员会出具的一份证明则显示，黄大爷和周奶奶二人于 1962 年 8 月结婚。不过，由于历史原因，二人未办理结婚证，但存在事实婚姻。

事实婚姻遭遇结婚证，谁才是黄大爷合法配偶？黄大爷女儿黄女士希望通过司法途径确认，黄大爷和程婆婆的婚姻关系无效。

通过一审二审，成都市中院最终认为，根据本案证据显示，黄大爷与周婆婆于 1962 年开始以夫妻名义共同生活，并生育子女，二人未办理结婚

登记，但没有证据证明二人共同生活时不具备结婚的实质要件，故应当认定二人存在事实婚姻，该事实婚姻关系是合法的婚姻关系，受法律保护。而对于黄大爷与程婆婆的登记结婚，法院认为，黄大爷在存在合法婚姻关系的情况下，又与他人登记结婚，构成重婚。最终，二审法院撤销了一审法院的判决并宣告黄大爷与程婆婆的婚姻关系无效。

因为婚姻关系最终得以确定，黄大爷去世留下的安置房等遗产问题随之迎刃而解。

法律条款：

《婚姻法》司法解释（一）第五条："未按婚姻法第八条规定办理结婚登记而以夫妻名义共同生活的男女，起诉到人民法院要求离婚的，应当区别对待：（一）1994年2月1日民政部《婚姻登记管理条例》公布实施以前，男女双方已经符合结婚实质要件的，按事实婚姻处理。"

特别提醒：

1994年2月1日，《婚姻登记管理条例》出台，该条例没出台前，各地的婚姻登记管理各不相同。这也造成现实生活中不少夫妻生活了几十年却没有予以登记这种状况。因此，对于登记管理条例出台前的事实婚姻，法律予以保护。登记条例出台后，则以登记为准。没有登记的婚姻，法律不再予以保护。

9. 子女不赡养
放弃继承也不能拒绝履行赡养义务

典型案例

年过七旬的张老太太有两个儿子，大儿子结婚后独立生活，小儿子一家自己没有住房，和张老太太住在一起并承担照料她的义务。不过后来小儿子下岗，张老太太又生病住院，看到小儿子经济上越来越困难，张老太太就找到大儿子要他以后承担一部分赡养费。

但大儿子以老二住在母亲名下的房屋，以后他不参与房子的继承为由，拒绝给母亲赡养费，认为既然老二得了房子，就应该老二赡养母亲。张老太太非常伤心也十分疑惑，大儿子这样做有道理吗？

法律条款

我国《婚姻法》第二十一条规定："父母对子女有抚养教育的义务；子女对父母有赡养扶助的义务。"

《中华人民共和国老年人权益保障法》第十五条规定：赡养人应当使患病的老年人及时得到治疗和护理，对经济困难的老年人，应当提供医疗费用。

我国《老年人权益保障法》第十九条规定："赡养人不得以放弃继承权或者其他理由，拒绝履行赡养义务。赡养人不履行赡养义务，老年人有要求赡养人付给赡养费的权利。"也就是说赡养人赡养父母的义务是法定的，是必须履行的，除非赡养人完全丧失赡养能力，否则是无条件的。

🔔 **特别提醒：**

按照法律规定，父母由子女分别赡养的协议也是无效的。

比如，张某与马某夫妇俩育有张某甲和张某乙两个儿子，两子均已成家。2014年，夫妇俩与两子达成《养老送终协议》，约定张某甲赡养父亲张某，张某乙赡养母亲马某，各自将老人送终，互不干涉。2016年5月，马某得重病住院治疗，住院期间的医疗费用昂贵。由于张某乙家中经济条件较差，无法完全承担该医疗费，故找到张某甲希望其能负担部分医疗费用，但遭到拒绝。张某甲称应根据《养老送终协议》的约定履行赡养义务。但是，赡养父母是子女的法定义务，不可以通过协议免除、转让。将老人分别赡养的做法违反法律规定和公序良俗，《养老送终协议》属于无效合同。张某甲无权拒绝赡养其母亲马某。而如果儿女拒不执行赡养义务，可向法院申请强制执行。

10. 妈未养儿，
儿就有理不养老人吗?

典型案例

　　60 岁的浙江慈溪范女士本已到了含饴弄孙的年纪，可她却成了疾病缠身的独居老人，因为没有抚养过两个女儿，如今女儿拒绝赡养她。

　　范女士离过两次婚，生育的两个女儿皆已成家立业，但她俩都断然拒绝赡养母亲。原来，范女士在上世纪 70 年代后期与第一任丈夫结婚，婚后育有一女名芳美（化名）。7 年后，两人的婚姻走到尽头。之后，范女士改嫁第二任丈夫，婚后生育了女儿丽英（化名）。然而，这段婚姻结束得更快，两人婚后第二年便分开。至此，范女士一直一个人生活。

　　随着年纪渐长，范女士的身体每况愈下，经常需要住院治疗。眼看着身边的积蓄就要花光了，两个女儿又拒绝为她养老，范女士无奈于 2016 年底告到法院，提出要两个女儿今后每人每月支付生活费 500 元，并均摊当年花费的 2 万余元及往后新产生的医疗费、去世后的丧葬费等。

　　在法院的庭审过程中，两个女儿都大吐苦水。大女儿芳美说，父母离婚时她还小，之后母亲便再未对自己履行过抚养义务。而小女儿丽英也表示，母亲在她出生几个月时离家，此后虽仍住在同一个村子，却从未探望过自己，更没有支付过任何抚养费，是父亲和亲戚将她拉扯大。而慈溪市法院认为，赡养父母是成年子女的法定义务，该义务的发生不以子女未成年时父母是否对其进行抚养为条件。综合范女士的经济状况和身体条件，法院最终判决两个女儿每人每月各支付范女士生活费 250 元。

法律条款

《婚姻法》第二十一条规定，父母对子女有抚养教育的义务；子女对父母有赡养扶助的义务。子女不履行赡养义务时，无劳动能力的或生活困难的父母，有要求子女付给赡养费的权利。

老年人权益保障法第 14 条也规定，赡养人应当履行对老年人经济上供养、生活上照料和精神上慰藉的义务，照顾老年人的特殊需要。

特别提醒

在法院判决的赡养纠纷案中，大多以子女应该对父母履行赡养义务、支付父母赡养费为结果。中国法学会婚姻家庭法学研究会理事、中国政法大学民商经济法学院教授何俊萍认为，父母抚养子女和子女赡养父母之间不存在条件关系。父母应该抚养未成年子女，而子女也应该赡养父母，两者均是单向的。

何俊萍进一步指出，不能简单地判断父母是否尽到抚养义务，而应结合父母不履行抚养义务的主客观原因加以分析，如父母客观上是否没有抚养能力和经济来源，是否故意不抚养等。如果父母对未成年子女不存在遗弃、虐待、杀害、性侵或其他犯罪行为，一般来说，仍倾向于子女应该赡养父母。

中国法学会婚姻家庭法学研究会副会长、西南政法大学民商法学院教授陈苇也就抚养和赡养之间的关系进行了解释，她指出，父母对子女的抚养和子女对父母的赡养不是一种等价有偿关系。抚养义务和赡养义务是基于父母子女之间的身份关系而产生的。当子女出生后，基于父母的身份，就应当对子女承担经济上供养、精神上关爱和生活上照料的义务，这是法律上的强制规定。

11. 儿媳不赡养，
法律拿她没辙？

案例回放:

50 岁的刘师傅四川省西昌市兴胜乡人。1985 年，他从会理县来到兴胜乡做了上门女婿。婚后他省吃俭用，2004 年花 12 万元在村里修起了一栋小洋楼。房子修好了，刘师傅得知住在二哥家的母亲生活得不太好，他很想把母亲接来同住。于是，他多次向妻子赵某提出这个想法，都遭到拒绝。

2007 年春节，刘师傅把母亲接到家中过年，但只住了一周多，母亲就提出要回老家。"母亲心直口快，她（妻子）也比较强势，两人经常吵架。"最终妻子赵某竟然以死来要挟刘师傅，坚决不愿与婆婆生活在一起。

事情发展到这一步，刘师傅只好向妥协，答应把母亲送回老家。但他却有了一个大胆的想法：租房偷偷赡养母亲。2007 年起，他在西昌城里租房供养母亲，并对妻子谎称已将母亲送走，直到 9 年后事情穿帮。

无独有偶，2016 年初，湖南省道县人民法院审结一起老人状告儿子、儿媳的赡养纠纷案，法院依法判决儿子承担赡养义务，每年给付老两口赡养费每人 1325 元，判决儿媳何某不承担赡养义务。

儿媳对公婆、女婿对岳父母是否可以不赡养？

法律条款:

《中华人民共和国老年人权益保障法》第二章规定,家庭成员应当尊重、关心和照料老年人,赡养人的配偶应当协助赡养人履行赡养义务,赡养人应当履行对老年人经济上供养、生活上照料和精神上慰藉的义务。

《中华人民共和国继承法》第十二条规定："丧偶儿媳对公、婆，丧偶女婿对岳父、岳母，尽了主要赡养义务的，作为第一顺序继承人。"

 **特别提醒：**

由法理可以看出，媳妇没有赡养公婆的法定义务，女婿没有赡养岳父母的法定义务。那么，儿媳和女婿的赡养责任难道就完全无法保障？非也！

首先，赡养和继承有直接因果关系。老人对财产拥有自主权，在婚姻存续期间，夫妻为一体，双方各自对父母的赡养行为都属于夫妻共同赡养行为。如儿媳或女婿未尽到赡养责任，那公婆或岳父母可酌情考虑，有权使其少分或不分遗产。

如公婆和岳父母盼更有强制性的赡养，双方可在第三方见证下签署《家庭赡养协议书》，明确生活照料、医疗护理、住房环境等环节，将赡养与遗产继承挂钩，确保自己老有所养。

另外，丧偶儿媳履行赡养公婆的义务，这种行为也应得到法律的肯定。江西省泰和县郭某早年生育两子郭军、郭辉。2005 年儿媳郭军不幸车祸丧生。儿媳兰某除农作劳动外，精心照料孩子和公公郭某的饮食起居，一直未再嫁。郭某去世后，兰某不满自己没能继承房产诉至法院。

泰和县人民法院对此案审理后认为，兰某作为丧偶儿媳，为公公养老送终，尽了主要赡养义务，应作为第一顺序继承人参与继承。

12.两次离婚未果,
丈夫断了妻子生活费

典型案例:

　　一对老夫妇,为家庭琐事闹起离婚,在两次离婚未果的情况下,丈夫断了妻子的生活费。妻子一怒之下,将丈夫告上法庭。2016 年 8 月 3 日,黑龙江省大庆市高新区人民法院审理了此案。

　　62 岁的刘某与妻子赵某已结婚 36 年,育有一子两女。随着几个孩子长大成人,夫妻俩的日子变得很拮据,没钱的日子让刘某很不适应,两人开始为一些家庭琐事吵架。随着时间的推移,老两口的矛盾进一步升级,2014 年 3 月,刘某一气之下,来到法院要求离婚。而赵某不同意离婚。最终法院判决,两人感情尚未破裂,不准离婚。

　　婚没离成,老两口随后开始分居。

　　2015 年 4 月,刘某再上法庭,提出离婚。法院依然没有判离。刘某一气之下,去了外地的大女儿家,一去不回。刘某一走,赵某便没有了经济来源,没办法,她几次打电话,让老伴回来,可刘某就是无动于衷。

　　2016 年 1 月份,赵某一纸诉状,将刘某告上法庭,讨要扶养费。要求刘某从每月 4000 余元的工资中,拿出 1000 元钱给自己。法院经审理认为,赵某要求每月支付生活费的诉讼请求,符合法律规定,法院判令刘某,每月给付赵某 1000 元钱生活费。

法律条款:

　　我国《婚姻法》第二十条规定,夫妻有互相扶养的义务。一方不履行扶养义务时，需要扶养的一方，有要求对方付给扶养费的权利。

这里所说的扶养，包括物质和精神两个方面，尤其在一方年老体弱或丧失劳动能力、生活困难的情况下，有负担能力的另一方，应该主动履行扶养的义务。

这种义务的前提，只以夫妻关系的存续为前提，而无论夫妻感情如何，更不论造成夫妻不和，是由于哪一方的过错。

 特别提醒：

随着社会的发展和观念的转变，这些年涉老离婚案件数量逐年上升，不少花甲夫妻更是对簿公堂打起离婚官司。

有 3 类老人比较容易离婚：一是夫妻双方年龄差距大，离婚的几率较高；二是知识分子家庭尤其是教师、医生也比较容易离婚，因为当事人文化水平较高，不认为老年期间离婚是一件被人所嘲笑的事情；还有因生活习惯或思想状况等引发冲突。如有些老夫妻在年轻时相互扶持、患难与共，度过了艰苦岁月，但随着生活水平和经济条件提高，反而引起双方隔阂。又如有的老人在外参加活动和交际多，引起老伴不满。

虽然现在社会对老人离婚现象越来越宽容，但是能够成功再婚并能过上幸福生活的人却很少。狭小的交际圈、衰退的体力和精力，再加上子女问题等，都使老年人的再婚难度加大。所以老年人在遇到婚姻危机时，应加强沟通，相互宽容，彼此尊重，培养共同的兴趣爱好，多给老年婚姻增添情感润滑剂。

13. 老父状告6名子女，
只求"常回家看看"

典型案例：

2010年11月24日，北京市房山法院窦店法庭，6名兄弟姐妹为"谁尽了赡养义务"，争得面红耳赤。他们中，年龄最大的61岁，最小的也已47岁。

6名子女是被告人，原告是他们83岁的父亲朱某。朱某的诉求很简单，子女每周至少保证探望一次。朱某说，自己有退休金和医保，但就是孤独和寂寞——儿女每月都给自己零花钱，但都已各自成家，很少来看望他。

老人称，大儿子和大女儿最令自己伤心。大儿子和老人住同一小区，两家相距一栋楼，但很少探望。远嫁山东的大女儿，近10年间，除了每月按时邮寄赡养费外，很少与父亲通电话，更别说来家探望。

"不起诉没法弄。"朱某说到起诉子女，情绪激动。他的诉讼请求很简单，远嫁山东的大女儿不要求探视，但需每月支付400元生活费；其他五个孩子每周至少保证探望一次，每人每月支付200元生活费。

6名子女均表示，将尊重法院判决，即使判决不规定回家探望老人的次数，但经过这一场诉讼后他们已经了解父亲的心情，会排班轮流回家。

法律条款：

《老年人权益保障法》第十八条 家庭成员应当关心老年人的精神需求，不得忽视、冷落老年人。

与老年人分开居住的家庭成员，应当经常看望或者问候老年人。

用人单位应当按照国家有关规定保障赡养人探亲休假的权利。

特别提醒：

"常回家看看"判是好判，法官根据老人请求并结合具体情况判就是了。但是，判决后子女们不履行怎么办？一些人可能想到强制执行。每次都由执行人员把老人子女从广州强行带回老家，成本巨大不说，如果子女们被执行人员押到老人面前时，他们不是真心问候、探望，让老人更失望、更伤心怎么办？

而且，在违反人们意愿的情况下，人的心理本能就是抵触、敌视，很容易把法院对其强制行为化作对当事人的怨恨。所以，对"常回家看看"强制执行的结果，往往会使子女与父母的矛盾进一步加深，最终适得其反，使老人更加沮丧。何况，感情作为一种奇妙且是内心的东西，是想干预也干预不了的。

当初"常回家看看"之所以入法，就在于其想通过鼓励探望行为来表现子女的孝敬父母之情。然而，法律仅仅是对人们行为的规范，对感情、精神等属于内心世界的东西是无能为力的，后者是由道德所调整的领域。针对通过其入法带来的无法妥当执行问题，希望能及时找出妥当执行措施，不能让其变成执行不了的法律白条。

14. 子女未尽赡养义务，
能否要回赠与房产?

 案例回放:

北京 83 岁的张华（化名）与老伴原本有三套房产。后来两人决定卖掉西三旗附近的小两居，分别到两个儿子家里去住。"房子一共卖了 50 万元，老伴带着 30 万元去小儿子那里，我带了 20 万元到老大那里。"

除了西三旗的房产，两人的另外两套住房，原本有一套在张华名下，一套在张华老伴的名下。分开的时候，张华和老伴一起写了一份赠与决定，将名下的两处房产分别赠与了两个儿子。"我名下沙子口的房子赠与了小儿子，老伴名下枣林前街的房赠与了大儿子，目的就是想讨他们个好，好好地赡养老人。"在赠与决定最后，明确写着"对老人要尽好赡养义务"。

然而，养老的情况并未像他们想象的一样理想，出现了许多的问题。张华思来想去，找小儿子谈，希望老两口一起过。跟小儿子商量后，两人住进了之前赠与小儿子的房子中。之后，小儿子各种施压，让张华把赠与自己的那套房产过户到了自己名下，"后来他说把房过户给他，他管我，他说让我们住在沙子口的房里，给我们请一名保姆，他们也会时常去探望，我也就同意了"。

然而这之后，小儿子又对张华说，打算要回母亲名下之前赠与哥哥的房产，理由是"要给我们请保姆，钱不够，需要把这房子出租，进行一些贴补"。张华不同意。此后，矛盾加剧，小儿子最终拿走了张华手中的钥匙，张华无法进入沙子口的房子。

张华脑子里总想着房子的事情，他想撤销之前的过户手续，"因为他（指小儿子）没有尽义务，房子还是归我，如果没有房子，我的养老问题就更大了。"

为老年人提供维权与法律援助的北京律维银龄研究与服务中心主任卢明生认为，这是一起老人忽视养老安排过早做出房产赠与子女决定后陷于无助的案例。老两口均患多种疾病急需子女照顾时，在此种情况下房屋过户给儿子，显失公平且乘人之危，"于赠与角度而言，该赠与附有赡养的条件，现老人进门被拒且不能见老伴儿，所附赡养条件未能履行，依法亦应撤销。"

 **法律条款：**

《合同法》第一百九十二条的规定，赠与人在下列情形下可以撤销赠与：

（1）受赠人严重侵害赠与人或者赠与人的近亲属。

（2）受赠人对赠与人有扶养义务而不履行。此处的扶养义务不论是法定义务、还是约定义务，受赠人都必须履行，其不履行即构成赠与的撤销事由。如果受赠人无扶养能力，那么其不履行扶养义务不构成赠与撤销的事由。

（3）受赠人不履行赠与合同约定的义务。在附义务的赠与中，受赠人应当按照约定履行义务，否则赠与人有权撤销赠与。

特别提醒：

老人如何处置房屋等财产，才能在晚年得到儿女更好的赡养，正成为许多老年人面临的难题。

随着城市化发展进程，家庭赡养格局已被打破。老人要想安享晚年，不能只是期待子女主动尽孝，而应积极做好养老法律规划。大多老年人会有一定的积蓄，在经济上不再依赖子女的资助，更多是需要生活上的照料。而老年人要理性做好子女不能承担赡养义务，特别是生活上照料的心理准备。有的是出于无奈无法承担，有的是啃老故意不承担，有的假装承担却是盯着老人的财产，一旦得手立马翻脸六亲不认。为此，积极做好养老法律安排对老人安度晚年至关重要。

所谓养老法律规划，即是要通过法律途径来保障自己养老安排。一方面，老年人在财产上要做好保护，不能过早无条件或条件不明晰地赠与子女或他人。另一方面，对于晚年生活照料要通过协议约束，要激励主动承担照料义务的赡养人，明确未承担照料义务的赡养人该承担的责任。当赡养人不能承担赡养义务时，要积极寻求外界帮助，与愿意承担监护责任的他人或组织签订监护协议，以更好保障自己的晚年生活。

15. 婆婆状告儿媳：
还我 136 万购房款！

典型案例：

2017 年 3 月，浙江绍兴诸暨的一位老人将自己的儿子儿媳告上法庭，要求归还当年自己给小夫妻买房时垫付的购房款 136 万余元。

将儿子儿媳告上法院的赵老太太表示，儿子儿媳是 2013 年 11 月份登记结婚后，打算在杭州滨江买下一套公寓，但小夫妻俩的积蓄不够，于是赵老太太代为支付了首付、装修等款项共计 161 万余元。

赵老太太认为这是暂时借给儿子儿媳度过难关的，但是在儿子儿媳看来，该部分出资被用于购买婚房和装修，结合"男方首付，共同还贷"的风俗，"理所当然"就是作为母亲原告对两夫妻的赠与行为，不应认定为借款。

2016 年年 3 月，赵老太太将小夫妻告上了诸暨法院，并出示了当时的借条。同年 5 月，除去部分款项无法提供交付凭证外，诸暨法院判令小夫妻俩应当归还赵老太太购房款 136 万余元。

赵老太太的儿媳对于一审判决不服，又向绍兴中院提起上诉，并出具了一份录音资料以证明婆婆出的房款是赠与的。绍兴中院审理后认为，父母出资款并非必然就应定性为赠与性质。在父母出资之时未有明确表示出资系赠与的情况下，应予认定该出资款为对儿女的临时性资金出借，目的在于帮助儿女渡过经济困窘期，儿女理应负担偿还义务。

而儿媳出具的录音资料，也没有赵老太将出资款赠与给儿子儿媳的明确意思表示，所以儿媳以此为凭所述的赠与观点不能成立，在没有其他证据可以证明蒋老太赠与意思表示存在的情况下，款项应当认定为借款。

绍兴市中院做出二审判决，纠正了一审判决认定的汇款金额，判令小夫妻俩应当向赵老太太归还房款136万余元!

 **法律条款**

《婚姻法》第十七条之规定，夫妻在婚姻关系存续期间所得的财产，归夫妻共同所有。

最高人民法院关于适用《中华人民共和国婚姻法》若干问题的解释（二）第二十二条规定：当事人结婚前，父母为双方购置房屋出资的，该出资应当认定为对自己子女的个人赠与，但父母明确表示赠与双方的除外。

当事人结婚后，父母为双方购置房屋出资的，该出资应当认定为对夫妻双方的赠与，但父母明确表示赠与一方的除外。

特别提醒

因父母为子女出资购房引发的争议在离婚案件中的比重日渐增多。

在司法实践中，父母为子女结婚出资购房，如果出资时其具体意思表示不明，大多数从社会常理出发，推定为赠与，该部分出资为夫妻共同所有，不需归还；若出资人有证据证明其与当事人之间形成的是借贷关系的，则不能认定为赠与，但是，该证据应当是在离婚诉讼前形成，离婚诉讼中父母作出不是赠与意思表示的陈述或证明，尚不足以排除赠与的推定。因此，父母为子女出资购房时，如果款项为借贷，需要明确相关凭据，如借条、转账凭据等。

另外，为避免日后引起不必要的矛盾，对出资款到底归儿女一方还是双方，父母最好能以书面形式予以明确，同时有邻居或律师等第三人见证或去公证处进行公证。同时，父母最好采取银行转账、汇款的方式交付给子女，并保存相关凭据，以备发生争议时举证。

16. 不堪儿子家暴，老太申请人身保护令

典型案例：

70多岁的黄老太在广西南宁有儿有女，却放着南宁的家不敢住要跑到亲戚家过春节，为何？原来，从2016年10月底开始，因为言语不和，黄老太频频遭儿子殴打。

"儿子性格很暴躁，遇到一点不顺心的事就会发脾气。"说起儿子阿勇，黄老太是又气又无奈。黄老太是某企业退休工人，生有一双儿女，儿子阿勇是老大，47岁。阿勇年轻时做点生意，后来生意颓败，开始成天借酒浇愁。酒后喜欢发脾气、打骂人。2007年阿勇离异后就带着儿子跟老两口住在了一起。

2016年10月28日，黄老太和阿勇起了争执，阿勇要求黄老太先把房子过户给他，黄老太不答应，换来阿勇的一顿暴打。女儿曾女士刚好也在家，她不仅没劝阻得了阿勇，反而也被打伤。当年11月，阿勇先后又3次殴打黄老太。不堪家暴的黄老太只好请街道人民调解委员会和片区民警来调解。经调解，阿勇表示今后不再殴打母亲。

这之后，因房子过户一事，黄老太与阿勇再起争执，阿勇的拳头再次挥向母亲。"这两个月，我一直生活在恐惧当中。吃不下饭，整夜不敢入眠，门外有一点响动就马上惊醒，总害怕他毫无征兆地冲过来打我骂我，我已经濒临崩溃的边缘了。"黄老太的心彻底寒了，她甚至想和阿勇断绝母子关系。

为了结束这种担惊受怕的日子，黄老太决定拿起法律的武器来维护自己的权益。2017年1月11日，在女儿曾女士的陪同下，黄老太鼓起勇气来到法院提出人身保护令的申请。最终，结合多方证明，法院认定阿勇的行为已经构成家庭暴力，依法应予禁止，故决定发出保护令。

法律条款：

《中华人民共和国发家庭暴力法》第二十一条　监护人实施家庭暴力严重侵害被监护人合法权益的，人民法院可以根据被监护人的近亲属、居民委员会、村民委员会、县级人民政府民政部门等有关人员或者单位的申请，依法撤销其监护人资格，另行指定监护人。

被撤销监护人资格的加害人，应当继续负担相应的赡养、扶养、抚养费用。

《中华人民共和国发家庭暴力法》第二十三条　当事人因遭受家庭暴力或者面临家庭暴力的现实危险，向人民法院申请人身安全保护令的，人民法院应当受理。

《中华人民共和国发家庭暴力法》第三十四条　被申请人违反人身安全保护令，构成犯罪的，依法追究刑事责任；尚不构成犯罪的，人民法院应当给予训诫，可以根据情节轻重处以一千元以下罚款、十五日以下拘留。

《反家庭暴力法》第三十四条的规定，今后如果阿勇违反该人身安全保护令，构成犯罪的，依法追究刑事责任；尚不构成犯罪的，法院应当给予训诫，可以根据情节轻重处以 1000 以下罚款、15 日以下拘留。

特别提醒：

现在很多被家暴的人仍然抱有"家丑不可外扬"的观念，对家暴行为一味忍让，不愿走法律途径。许多老人遭受子女家暴后，仍不忍心把自己的子女告上法庭，有的到最后实在被逼无奈才来法院起诉。

法官提醒受害人，在遭遇家庭暴力时，要第一时间拨打 110 报警或者向所在单位、居（村）民委员会、妇女联合会等单位投诉、反映或者求助并注意保留相关证据，如报警、接警、出警记录、鉴定资料、医院病历、伤情照片、录音录像等视听资料、证人证言、加害人保证书、手机短信、社区、妇联等组织、团体保存的资料，等等。

现实中，还有些老人担心和子女"较真"后，子女不履行赡养义务。对此，法官强调，子女对父母有赡养扶助的义务，子女不履行赡养义务时，无劳动能力的或生活困难的父母，有要求子女给付赡养费的权利。因此，子女赡养老人是法定义务，不因法院下发人身保护令而免除施暴子女对老人的赡养责任。

17. 七旬老太不堪冷暴力，四赴法院起诉离婚

 典型案例：

　　俗话说，少年夫妻老来伴。本应携手老伴走完人生旅程的谢老太却第四次将王大爷告上法庭，要求离婚。

　　湖北恩施 72 岁的谢老太和 75 岁的王大爷 1966 年相识并组建家庭，婚后未生育子女，1980 年收养一女。因性格差异和没有生育子女，双方矛盾不断，致夫妻关系不睦。谢老太分别于 2009 年 5 月、2010 年 6 月、2012 年 3 月以夫妻感情破裂为由向法院提起离婚诉讼，3 次均在法官的悉心调解下和好，并约定王大爷每月给付谢老太 800 元的生活费。但王大爷仍像前两次一样，不按调解书的约定履行义务致谢老太第四次到法院要求离婚。

　　庭审时，谢老太哭诉王大爷脾气古怪，常无端责骂自己。更过分的是，他还往做好的饭菜里扔脏东西，王大爷的这种行为给自己的精神造成了很大精神压力，自己实在无法忍受。最终经过四次庭审，法院终认为二人夫妻感情破裂并无和好可能，遂判决准予二人离婚。

　　除了夫妻间的冷暴力，子女对老年父母的家庭冷暴力也比较常见。

　　上海浦东新区一对老夫妻，原本过着"三世同堂"的幸福生活。老两口一手把唯一的外孙带到 7 岁大。4 年前，同住的女儿和女婿与老人发生矛盾，从争吵演变到互不理睬，女儿一家三口买房搬了家另住。女儿和女婿从此再也不来探望父母，还更换了联系方式和工作单位。老夫妻思念外孙心切，苦苦寻找 4 年都没打听到女儿一家下落。

法律条款：

《中华人民共和国反家庭暴力法》第二条规定：本法所称家庭暴力，是指家庭成员之间以殴打、捆绑、残害、限制人身自由以及经常性谩骂、恐吓等方式实施的身体、精神等侵害行为。

特别提醒：

冷暴力主要是指以语言为工具或不作为方式，如用侮辱性的言语发泄自己的不满情绪、用讽刺挖苦言语伤害对方的自尊心、停止彼此之间的语言交流；对经济进行控制、拒绝支付家庭日常开支、限制对方自由等，使对方长期处于精神折磨状态。

由于冷暴力案件的审理对证据的认定存在困难，法院在审理张姝这起案子时异常慎重。

与拳打脚踢的显性暴力相比，遭遇家庭冷暴力时，取证是个难题，因为其行为的结果通常看不见伤痕，无法做出伤情鉴定。不过，这并不等于受害者就无法获得证据。公安机关的报警、接警、出警记录、询问笔录，以及保存的调解书、保证书、担保书、悔过书、通话录音；医疗机构保管的诊疗材料、病例、鉴定意见；子女、父母或其他亲戚朋友提供的证言等都可以作为证据采信。

以国家的司法力量对家庭冷暴力侵害人进行惩罚，对受害人进行司法救助将是势在必行，如在公安机关建立家庭冷暴力投诉受理机构，配备心理疏导人员并做好接待记录；人民法院在离婚案件中对举证难的"冷暴力"案件，法官在审理时需通过自身的敏锐观察，运用"自由心证"原则发现当事人有"冷暴力"的表现或倾向时则"以夫妻感情破裂"为由判决离婚，而不能一味等待当事人提供"充足"的证据后再作判决。

除了法律途径，发动妇联、工会、街道社区、村委会等相关部门，共同构建遍布城乡的反家庭冷暴力的社会支持网络系统。此外，夫妻双方都要有独立意识、法律意识和自我保护意识，对于家庭冷暴力不能一味抱着"有容乃大"的态度，要学会建立良好的沟通机制，将"精神侵害"扼杀在萌芽状态。

18. 奶奶打官司，讨回"带孙费"

典型案例：

2004 年，45 岁的杨女士喜得孙女。不过，"年轻"的奶奶马上面临抉择：她和丈夫当时都在上班，22 岁的儿子潘某和儿媳方某也各自有自己的工作，谁来带孩子？杨女士权衡之后，决定提前退休在家带孩子，让儿子儿媳安心工作。2006 年，第二个孙女又降生了，杨女士从此更睡不得一个安稳觉。二孙女还不到半岁时，儿子儿媳要去广州打工。走之前承诺，等找到工作，每个月给家里 1000 元生活费。但此后他们只是偶尔给两个女儿寄些吃的用的。

两个孙女都上了小学之后，日常开销骤然增加。杨女士跟儿子儿媳商量，每月能不能给一些生活费。但却被夫妻两人拒绝。

2015 年 2 月，潘某和方某最终还是离婚了。虽然法院判父亲养孩子，妈妈给钱，但事实上，两个人都没有履行自己的职责和义务。

两个孩子用钱的地方多，杨女士几次管儿子和前儿媳要生活费，都被推脱了。5 月，杨女士将儿子和前儿媳告上法院，要求他们两人支付 33600 元"带孙费"。

对于杨女士的起诉，前儿媳很不理解，她反驳说："作为孩子的奶奶，照顾孩子是应该的，如果这都要给钱，那是不是所有亲人之间的照顾和帮助都要和利益挂钩？"

经过审理，法院最终认为，老人向子女收取"带孙费"是合法的。夫妻两人对两个孩子负有法定抚养义务，而作为奶奶的杨女士对两个孙女没有法定或约定的抚养义务，有权要求偿还为此而支付的"带孙费"。

法院最终酌情判定潘某、方某每月共同负担两个孩子的抚养费 1000 元，各自支付 12000 元"带孙费"给杨女士。

法律条款：

《婚姻法》第二十二条规定："有负担能力的祖父母、外祖父母对于父母已经死亡的未成年的孙子女、外孙子女，有抚养的义务。"

也就是说祖父母抚养孙子女，根据法律的规定是有条件限制的。首先，必须是孙子女、外孙子女的父母已死亡；其次，必须是祖父母、外祖父母有抚养能力。

特别提醒：

"带孙费"包不包括给父母的劳务费，看父母与子女之间有无约定。

如果父母和子女之间有协议约定，子女就要按照约定给付父母相关费用包括劳务报酬；如果双方并无相关费用约定，那么父母和子女之间所形成的委托关系往往会被认定为无偿委托关系。在没有约定的情况下，父母为子女带孩子只能要求子女支付所支出的必要费用，并不包括类似于工资等劳务报酬。

不过，子女给老人钱，那么这是否意味着与老人成了一种劳务关系，老人照看孩子时出了意外事故、受伤等，又该不该承担责任？

对此，律师表示，如果没有特别约定，子女即便给老人钱也不意味着双方之间形成了劳务关系，这种情况下老人在照看孩子时发生意外，不应该承担责任，除非老人主观上存在重大过错。

老人带孙终究是笔"人情债"，只要子女明确自己法律上的职责和义务，认同并感恩老人对自己的帮助和付出，一家人和和美美就根本不会有带孙费的争议，更不必让亲情走上公堂。

第六章

消费维权

Xiao Fei Wei Quan

1. "私人定制"不可退换？
助听器国家强制"三包"

典型案例：

2014年11月中旬，福建省福清市年过八旬的陈先生把自己的一个耳背式助听器拿到某助听器店维修，店老板李某告诉他这种款式的产品快被淘汰了，即使修了效果也不好，随后向他推荐定制式助听器，称不仅外观隐蔽，还能帮助听力有所提高。陈先生心动了，拿出6500元定制了一个助听器。

可使用这个定制的助听器后，陈先生觉得听力下降，于是找店老板李某询问。几次微调后，陈先生发现这个助听器的效果还没旧的那个好，于是要求换货。李某称，产品属"私人定制"，不予更换。之后先生多次到店内找李某，李某总是以"不修、不换、不退"将其拒之门外。双方争执不下，陈先生投诉到福清市消协，寻求帮助。

福清市消协工作人员陪同陈先生来到助听器店调解。李某辩称"私人定制"助听器跟普通商品不一样，定制式助听器国家无"三包"规定，就是为了保护经营者。消协工作人员耐心向其解释了相关法律规定，后经调解，李某答应将助听器寄回厂家维修，并书面承诺在陈先生正常使用的情况下，该助听器不再出现音量小、有杂音等质量问题，假若再出现上述问题，可无条件退货。

法律条文：

按照《中华人民共和国消费者权益保护法》第二十三条：经营者提供

商品或者服务，按照国家规定或者与消费者的约定，承担包修、包换、包退或者其他责任的，应当按照国家规定或者约定履行，不得故意拖延或者无理拒绝。

根据相关规定，消费者购买的产品出现以下情况，有权要求经销者承担"三包"责任："1. 不具备产品应当具备的使用性能，而事先没有说明的；2. 不符合明示采用的产品标准要求；3. 不符合以产品说明、实物样品等方式表明的质量状况；4. 产品经技术监督行政部门等法定部门检验不合格；5. 产品修理两次仍不能正常使用。"

属下列情况之一者，不实行"三包"，但是可以实行收费修理："1. 消费者因使用、维护、保管不当造成损坏的；2. 非承担三包修理者拆动造成损坏的；3. 无三包凭证及有效发票的；4. 三包凭证型号与修理产品型号不符或者涂改的；5. 因不可抗拒力造成损坏的。"

 **特别提醒：**

助听器属于二类医疗器械，国家有强制"三包"规定，李某的行为违规。消费者在购买助听器之类产品时，一定要事先查明自己听力损失的特殊状况，听取专业医生或耳科专家的建议，谨慎选定与听力损失相匹配的助听器，或与商家约定助听器不匹配时的处理办法，以免引起经济纠纷。在购买前还要了解所购产品的的售后服务情况，如三包有效期以及双方责任与义务等。在购买产品时，一定要销售者出具发票，检查是否附有三包凭证，买回去后也要妥善保管好上述证明。

2. 赠送商品概不退换?
赠品同样要三包

典型案例:

2017年4月初,家住重庆市万州区的张先生在某商场购买了一台电冰箱,并通过商家活动获赠了一台电水壶。然而不到一天,张先生就为这赠品揪心了。原来赠送的电水壶不仅在外壳上有两道划痕,还存在壶底漏水的现象。看着不能使用的赠品,张先生第二天便找到商家要求调换,销售人员却认为电水壶是厂家白送的赠品,质量肯定不能和正规销售的比,拒绝了张先生的要求。与商家几经交涉无果后,张先生向当地消委会投诉。消委会经过调查后认为,该赠品的确存在质量问题且为不合格商品,确认张先生投诉情况属实,并组织双方进行调解。

法律条文:

《消费者权益保护法》第十六条:经营者以有奖、附赠、打折等形式提供的商品或者服务,应当保证质量,不得免除其应当承担的修理、更换、退货义务以及其他责任;其提供的奖品、赠品、免费服务,存在质量问题的,应当承担修理、重做、更换义务及其他责任。此外,获取货真价实的商品是消费者不可侵犯的权利,即使是附赠品,也应当具备合格、合等级、合约定的品质,商家不得以赠送为由提供不合格产品或者假冒产品。

《消费者权益保护法》第二十四条规定,经营者不得以格式合同、通知、声明、店堂告示等方式作出对消费者不公平、不合理的规定,否则,其内容无效。

律师说法：

　　如果消费者再遇到上述问题，一定要及时维权，千万不要忍气吞声，以为是送的东西就不计较了。其实，赠品也是在你购买其他产品时给予的，即你购买了东西才赠与，实际上赠品的成本已经分摊到付费的产品中，例如案例中的张先生获得电水壶赠品是购买电冰箱后才赠与的，所以赠品的成本实际上已经分摊到付费的电冰箱中，商场应履行对赠品的"三包"义务。

 特别提醒：

　　买洗衣机送电水壶、买刀具送砧板、买饭盒送餐具等"买一赠一"已成为不少商家促销产品、扩宽市场时惯用的手段。然而，多数赠品"身世"模糊不清，一些商家为了控制成本，大多选择廉价商品作为赠品，质量很难保证，这些赠品出现质量问题后，多数销售商都拒绝"三包"。一些商家为了逃避因赠送商品质量不合格引起的责任，甚至还写出"赠送商品概不退换""赠送商品不三包"等店堂告示。消委会工作人员提醒消费者，要理性消费，而不是看是否有赠品促销而购买；购买的商品如有赠品的，要仔细查看赠品是否为"三无"产品，食品类的赠品要看清是否过保质期。

3. 超龄空调短路引发火灾，厂家无危险警示不能免责

 典型案例：

2006 年 4 月初，广西南宁市消费者管某家中莫名起火引发火灾，经消防部门认定，起火原因是空调内部短路造成的。据购买资料显示，该空调购买于 1997 年，为江苏某公司生产，因此管某及家人将该公司诉至南宁市西乡塘区法院，要求赔偿经济损失约 2.9 万余元。由于管某的母亲在火灾中受到惊吓，且在外借住摔倒等造成精神损害，因此亦要求赔偿精神抚慰金 3 万元。被告公司辩称，管某家的空调已使用了 10 年，早已超过了使用期限，且因何致空调内部短路原因不明，并非完全是厂家责任。该案经过法官调解，双方达成谅解，被告公司给付给管某 2 万元赔偿款。

法律条文：

我国《产品质量法》第三十三条规定："因产品存在缺陷造成损害要求赔偿的请求权，在造成损害的缺陷产品交付最初用户、消费者满十年丧失；但是，尚未超过明示的安全使用期的除外。"

此外，由国家标准化管理委员会审批出台的《家用和类似用途电器的安全使用年限和再生利用通则》规定了家电"退休"年龄，对家电使用年限和再生利用等方面作了详细规定。生产厂家要对其生产的家电标明安全使用期限，并规定安全使用期限从消费者购买之日计起。在厂商标明的安全期限内，消费者正常使用家电产品时发生安全事故，所有责任都将由厂商承担。

律师说法：

虽然《通则》要求"在厂商标明的安全期限内，相关家电产品一旦出现安全事故，所有责任都将由厂商承担"，但这并不表示企业就可以对超过期限外的事故责任推得干干净净。《细则》实施后，企业不仅应明示产品的安全使用年限和超期使用的危险警示，而且对危险警示应分级标注。如超过年限一年，为黄色警示，超过五年为红色警示等，并应像药品标明副作用一样详细注明危险的表象。如果是这样，消费者仍然继续使用超龄产品，一旦发生事故企业才能免责。

 特别提醒：

消费者在购买家电时，首先要选择正规厂家生产的通过认证的合格产品。如果发生家电自燃，消费者要保持冷静，马上报警。火灾扑灭后，要注意保护好现场，配合消防部门勘察现场，查明火灾原因，最好形成书面材料，以便将来作为索赔证据。还要迅速通知商家到现场查看，由商家找厂家出面处理，消费者向其提出索赔要求。如果厂家拒绝赔偿，或双方因赔偿额发生争议，消费者可向当地消费者协会投诉，必要时可诉诸法律。在家电发生自燃后，经有关职能部门认定，如果自燃是由产品自身质量问题引起的，即便该产品已经超出了国家三包期，只要在安全使用期内，厂家及商家就应当承担相关的责任。

4. 包邮洗衣机退货收运费，消协出面说"NO"

典型案例：

南京市玄武区的王先生在网上买了一台洗衣机，看到网页上写明"支持七日无理由退货"，并且卖家还包邮，于是他爽快地下了单。谁知到货后，王先生发现洗衣机尺寸不合适，于是联系商家申请退货。商家同意了他的退货申请，但表示王先生需要承担商品来回寄送运费共计400元。

"退回运费我承担这是应该的，但明明是包邮商品，那寄出的运费应该是商家承诺自付，怎么退货的时候我还要付这部分费用呢？这不合理。"双方无法就运费问题达成一致，王先生随后向当地市场监管局进行了投诉。工作人员对王先生反映的情况进行了核实。经调查，商家在销售网页确实标明了"包邮"，其意思即表明商品首次寄送时需要消费者支付的运费为零，包邮商品的发货费用，应当由经营者自行承担，而退货产生的运费，按照法律规定则应由消费者承担。经调解，王先生自行选择正规物流公司将洗衣机退回，而商家在收货后将货款及时退还。

法律条文：

2017年3月15日起，国家工商总局制定出台的《网络购买商品七日无理由退货暂行办法》正式施行，《办法》规定：经营者采用网络、电视、电话、邮购等方式销售商品有权自收到商品之日起七日内退货（七日自消费者签收商品的次日开始计算），且无须说明理由。退货运费由消费者承担，经营者与消费者另有约定的，按照约定。

我国《消费者权益保护法》第四十四条规定：消费者通过网络交易平

台购买商品或者接受服务，其合法权益收到损害的，可以向销售者或者服务者要求赔偿。网络交易平台提供者不能提供销售者或者服务者真实名称、地址和有效联系方式的，消费者也可以向网络交易平台提供者要求赔偿。

 律师说法：

《网络购买商品七日无理由退货暂行办法》对"七日无理由退货"有了进一步规定，特别是明确了不适用退货的商品范围、商品完好标准以及退货程序。广大消费者要及时知悉了解相关法规，同时注意保留网购过程中相关信息，具体包括：

（1）注意保存交易凭证。在网购当中，关于商品的基本信息、购销双方之间的磋商及承诺、付款的过程等均会在网上留下痕迹，所以消费者要善于通过通话录音、网页截屏等方式将上述电子数据信息妥善保存。

（2）尽量选择"货到付款"进行购物。在允许选择支付方式的情况下，建议消费者尽量选择"货到付款"的形式进行网购，一方面能够在收到货物发现质量不符时"无忧退货"，另一方面对商家来说也是一个约束，使其能够更好地提供服务。

（3）善于通过"投诉"方式进行维权。消费者因网络交易导致权益受损时，可以向经营者或第三方交易平台所在地的工商部门或消费者协会投诉。

 特别提醒：

此前《消费者权益保护法》明确了4类商品不适用七日无理由退货：消费者定作的商品；鲜活易腐的商品；在线下载或者消费者拆封的音像制品、计算机软件等数字化商品；交付的报纸、期刊。另外，还有一条"其他根据商品性质并经消费者在购买时确认不宜退货的商品"也不适用无理由退货。《网络购买商品七日无理由退货暂行办法》也明确规定了3类商品经消费者在购买时确认，可以不适用七日无理由退货规定。即，拆封后易导致商品性质改变、影响人身安全或者生命健康的商品；一经激活或者试用后价值贬损较大的商品；销售时已明示的临近保质期的商品、有瑕疵的商品。

5. 文物破损快递只赔1000元？
保价条款不能免责

典型案例：

　　家住四川南充的的成先生是一名收藏爱好者，2017年1月份，他淘的一件南宋双鱼瓷碗被郑州一位买家看中，双方约定的成交价为12万元。于是成先生将这件古董通过某快递公司的空运快递寄给买家。第二天下午3点左右，郑州王先生收到快件，当着快递员的面拆开包装，却发现双鱼瓷碗有一个小缺口。经与成先生协商，王先生没有收货，等待快递公司处理意见。几天后，快递公司表示，已请文物专家对瓷器进行了鉴定，确定为南宋影青真品，但因为成先生没有保价，根据该公司相关规定，最高只能赔偿1000元。

法律条文：

　　《合同法》第一百一十三条规定："当事人一方不履行合同义务或者履行合同义务不符合约定，给对方造成损失的，损失赔偿额应当相当于因违约所造成的损失，包括合同履行后可以获得的利益，但不得超过违反合同一方订立合同时预见到或者应当预见到的因违反合同可能造成的损失。"

　　我国《邮政法》对有关保价赔偿限额问题作出了规定，但该条款的适用对象是邮政企业（中国邮政集团公司及其提供邮政服务的全资企业、控股企业），一般快递公司作为私营企业并不能适用该条款。在《邮政法》第八十四条明确邮政企业是指中国邮政集团公司及其提供邮政服务的全资企业、控股企业，一般快递公司作为民营企业，不适用该保价限额规定。

律师说法：

快递公司对被快递的物品有妥善保管的义务，无论是不是已经保价，快递公司所承担的责任都是一样的。快递公司在投递过程中未尽妥善保管义务，对托寄物造成损坏，构成违约，理应为此承担相应责任。此外，快递公司虽然在快递单上声明了保价条款，但由于其并非《邮政法》保价赔偿限额条款的适用对象，且快递公司的保价条款明显是在减轻己方责任、加重寄件人的责任、排除寄件人的主要权利，属于格式条款。格式条款又称为标准条款，是指当事人为了重复使用而预先拟定、并在订立合同时未与对方协商的条款，如保险合同、拍卖成交确认书等，都是格式合同。《合同法》从维护公平、保护弱者出发，对格式条款从三个方面予以限制：第一，提供格式条款一方有提示、说明的义务，应当提醒对方注意免除或者限制其责任的条款，并按照对方的要求予以说明；第二，免除提供格式条款一方当事人主要义务、排除对方当事人主要权利的格式条款无效；第三，对格式条款的理解发生争议的，应按通常理解予以解释。对格式条款有两种以上解释的。应当作出不利于提供格式条款一方的解释。另外保价是成先生自己的权利，不是义务，成先生有权选择保价还是不保价。但是，保价服务只是快递公司向货主提供的一种服务承诺，将会在"声明价值"的范围内赔偿货主的货物损失。但是，并不能因此解除快递公司因在快递过程的不当行为承担相应的赔偿责任。

 **特别提醒：**

随着网购的流行，还有不少快递公司将物品送至小区的物业处或附近的代收点。在这种情况下，一旦快递丢失该由谁担责？

对此，律师表示，如果快递员没征得签收人同意，就将包裹交由别人代收，应视其未尽到送件义务，因此导致的包裹丢失、物品损坏等问题，由快递公司负责。从物业公司的层面来说，如果业主没有授权给物业公司，物业代为签收包裹，那就应该尽到保管义务；如果物业公司在业主同意的情况下代收包裹，如果包裹出现问题，业主自己也要负一定的责任。

6. 网购羽绒服两月衣没发货，事后说"缺货"构成违约

典型案例：

2016 年 9 月，北京市民苏先生在某购物网站上看到自己在实体店看中的羽绒服正赶上优惠活动，平时卖 6999 元，当天只要 5999 元。面对千元减价，苏先生想都没想，立刻下了单。直到 11 月，苏先生查看购物讯录，发现羽绒服还没发货。"怎么还没发货？也没人联系我。"他赶紧联系该网站客服人员留言询问，但一直没收到回复。"迟迟不给我发货，但页面上还在出售，这不是骗人吗？"一气之下，苏先生将自己的遭遇发布到网上。

发布次日，该网站主动给苏先生回电，告知他未发货的原因是"缺货"。"他们说一直没进到这款衣服，建议我退款。"苏先生对此解决方法不满，"还是很想买那件羽绒服，于是，我让对方按订单照常发货。而且由于拖延时间太长，服务上也不积极解决，所以，我还提出了赔偿要求。客服表示，只能补偿积分或代金券，"

法律条文：

我国《合同法》第十条规定："当事人订立合同，有书面形式、口头形式和其他形式"，第一百零七条："当事人一方不履行合同义务或者履行合同义务不符合约定的，应当承担继续履行、采取补救措施或者赔偿损失等违约责任。"

律师说法:

　　根据《合同法》规定，苏先生网购买羽绒服一事，就是其与商品卖家成立买卖合同关系的行为。而网站上显示'预计发货时间为 10 月 21 日'，也为买卖合同的一部分，对商品卖家具有法律约束力。"而在《合同法》第六十条规定：当事人应当按照约定全面履行自己的义务。故苏先生有权要求该购物网站按照约定期限，履行发货义务。由于网站未履行发货义务，同时也不能确定具体的发货时间，所以已构成违约。此外，苏先生有提出继续履行买卖合同，并要求西集网承担违约责任的权利。可以就网站给其造成的直接或合理损失，要求对方进行赔偿。同时，在此建议消费者，网购要理智且谨慎。在线购物本身就比实体店购物环境复杂，尤其低价促销时，问题会更容易暴露。消费者在购买商品过程中如遇到虚假宣传、假冒伪劣、发货延期、售后缺失等情况，可首先选择向提供网络交易的第三方平台投诉。若第三方交易平台推脱或者干预无效，消费者可直接向消协投诉来维护自己合法权益。

7. 行程变动频频购物，
旅行社违约须担责

典型案例：

　　本想带着家人一起去巴厘岛度过一个轻松愉快的春节假期，不料行程却令人失望透顶。2015年春节前，广州的董女士花6200元报名参加某旅行社2月19日出发的"全景巴厘岛5晚6天"旅游团。按照双方签署的旅游合同，2月20日应在雅加达参观独立广场、民族纪念碑等旅游景点，然后19日一到雅加达，董女士以及其他团友则被告知行程有变，原本定于第二天下午4点50分飞往巴厘岛的航班改至早上6点。"导游没有说明行程更改的原因，也没有经得我们的同意，我们第二天一大早就赶到机场。"董女士回忆道，到机场后被告知机场罢工，于是团友们又被滞留在机场，随团领队及当地导游均不见踪影，机场秩序混乱不堪，他们在机场等待近10小时，最终于下午4点多才搭上飞机。

　　这样擅改行程的情况在整个旅途中不止一次出现。在巴厘岛，董女士和其他同行团友被当地地接带入多个购物点，然后这些购物点均未写入行程，且未经得游客同意。董女士表示，她向旅行社进行投诉，却迟迟未得到满意的处理。最终旅行社向游客赔偿150元，作为航班延误的补偿。

法律条文：

　　《旅游法》第二章第九条：旅游者有权要求旅游经营者按照约定提供产品和服务。第四章第四十一条：导游和领队应当严格执行旅游行程安排，不得擅自变更旅游行程或中止服务活动。第五章第七十一条：由于地接社、履行辅助人的原因导致违约的，由组团社承担责任；由于地接社、履行辅助人的原因造成旅游者人身伤害、财产损失的，旅游者可以要求地接社、履行辅助人承担赔偿责任，也可以要求组团社承担赔偿责任。

 律师说法：

在旅游过程中，少数导游（领队）以为游客不了解旅游目的地的情况，在旅游者不知情的情况下擅自减少旅游景点。作为游客一定要做到心中有数，行前要认真阅读《旅游行程单》，可要求旅行社和导游严格按照双方《合同》约定服务标准项目执行。在行程中，一旦遇有导游（领队）擅自减少旅游景点或者缩短旅游时间等违规行为，可在事发地向当地旅游质监管理部门投诉，也可以向组团社的旅游质监管理部门投诉（特别是出境游），同时注意收集保留相关证据。建议游客在选择出境游旅行社时，首先要确认旅行社是否具备出境游资质，尽量选择专业、规范的旅行社，报名时提前向工作人员了解出行所乘坐航空公司名字、航班等相关信息。

8. 导游强迫购物气晕老人，事后投诉收集证据最重要

**典型案例：**

2014 年 2 月，退了休的北京市民满大叔和老伴报了一个旅游团去台湾，并特意在签合同时让旅行社的人在合同上写明全程无自费、无强迫购物。然而活动第二天，旅行团到到香港中转时，导游就将游客带到一家珠宝购物店逗留两小时，并拉着满大叔的老伴买东西，并称，"如果什么都不买，你们就是占香港的便宜"。满大叔上前质疑不能强迫购物时，与导游发生言语冲突，随后被气得突发脑梗塞晕倒在地，老伴赶紧报警，把他送到医院抢救。在香港入院治疗两天后，满大叔在旅行社工作人员安排下转到深圳治疗。在深圳市人民医院住院 6 天后，满大叔回到北京继续治疗，前前后后住院长达两个多月。事后，满大叔将旅行社告上了法庭，索赔医疗费、护理费、伙食费等。

法庭审理认为，满大叔与旅行社签订有旅游合同，在旅游过程中，导游要求旅客在珠宝店逗留两小时，属变相强迫购物。满大叔与导游发生纠纷，导致突发脑梗塞，旅行社对此负有过错，除应退还旅游费用外，还应对满大叔因此造成的合理损失承担相应的赔偿责任。最后经法院调解，旅行社一共支付满大叔医疗费等各种费用 55000 元。

法律条文：

《旅游法》第三十五条规定，旅行社组织、接待旅游者，不得指定具体购物场所，不得安排另行付费旅游项目。但是，经双方协商一致或者旅

游者要求，且不影响其他旅游者行程安排的除外。

《旅行社服务质量赔偿标准》第十条规定："旅行社及导游或领队违反旅行社与旅游者的合同约定，损害旅游者合法权益的，旅行社按下述标准承担赔偿责任：'未经旅游者签字确认，擅自安排合同约定以外的用餐、娱乐、医疗保健、参观等另行付费项目的，旅行社应承担另行付费项目的费用。未经旅游者签字确认，擅自违反合同约定增加购物次数、延长停留时间的，每次向旅游者支付旅游费用总额10%的违约金。强迫或者变相强迫旅游者购物的，每次向旅游者支付旅游费用总额20%的违约金。'"

 律师说法：

旅游产品比较特殊，并不是一件实物，因此，很多消费者权利被侵害后只能等事后投诉，一旦证据不足，就可能不了了之，所以广大消费者要注意收集证据。游客在景区购物时，对自己拿不准、没有把握的物品要谨慎。在被强迫进行超出合同约定范围的购物活动，最好利用手中的摄像机、照相机将过程拍摄下来留存证据。若遇旅行社擅自改变行程、降低服务标准、导游索要小费或私拿回扣等情况，消费者有权拒绝。在此提醒大家，游客与旅行社签订旅游合同时，对具体行程，乘坐交通工具，住宿和餐饮标准，游览景点，购物次数，双方的权利、义务和违约责任，纠纷解决方式等，游客都应要求旅行社作出明示。同时，游客事先要问明旅行社投保旅行社责任险的条款。

9. 75 岁老人出国游难报团，合同外免责声明无效

典型案例：

　　四川成都 75 岁的周大爷想带着老伴出国旅游一次，可询问了周边 5 家旅行社，旅行社工作人员都给了同样的回复——"年龄太大了，不敢收"。"为什么不敢收我们，难道年纪大了就没有资格出去旅游了吗？"周大爷觉得很纳闷，他说自己身体很好，也没有什么病史，外出旅游完全没有问题。他再次表达了自己强烈的出游愿望后，有 3 家旅行社"松口"，但都提出了附加条件。一家旅行社说要多交 300 元的附加费，还要自己购买旅游意外险，因为保险公司是不会给 75 岁老人买旅游意外险的；另一家旅行社建议他选择比普通线路贵 800 元的线路，这 800 元是给对方地接的"购物补贴"，出了这个钱就不用进购物店，行程会轻松一点。周大爷说，他不怕花钱，让他想不通的是大家享受的服务都一样，为什么老年人就要多交钱？不公平。更让周大爷不爽的是，一家旅行社提出让直系子女陪同，如果没有子女陪同就要签署一份同意书，也就是健康免责书。

法律条文：

　　2016 年国家旅游局公布的《旅行社老年旅游服务规范》要求，旅行社专门为老年旅游者组织与开发的包含交通、住宿、餐饮、游览、导游等旅游服务在内的包价旅游产品，且连续游览时间不宜超过 3 小时，安排一定时间的午休，乘坐火车应安排座位，过夜或连续乘车超过 8 小时应安排卧铺，宜尽量安排下铺。同时要求，75 岁以上的老年旅游者应请成年直系家属签

字，包机、包船、旅游专列和100人以上的老年旅游团应配备随团医生服务。《规范》特别规定，旅行社不得拒绝年龄在60周岁以上的老人参团。

 律师说法：

国家旅游局公布的《旅行社老年旅游服务规范》仅仅是一部旅游行业推荐性标准，并不具有强制性。该规范主要目的在于规避旅行社的责任，旅行社要求游客必须签订'免责声明'这样的条款也属于典型的霸王条款，游客可以拒绝签字。"律师表示，旅行社如果将老人带出去，就具有平安带回来的责任和义务，如果游客在旅行途中出现意外，家属可以按照合同法和民事侵权法等法律法规索赔，原先所谓的合同外的免责声明则并不具有法律效力。只有当旅行社和游客将该标准约定在旅游合同中，才具有法律约束力。旅行社是否要将此标准植入在旅游合同中，家属要不要签订这样的旅游合同，双方应慎重对待。

10. 亏本团原是购物游，
不合理低价团猫腻多

典型案例：

"行程安排上的景点多数只停留一刻钟，拍拍照就草草结束了，标榜豪华出境游最终变成了购物游。"广西南宁市民王女士 2017 年春节后和朋友一行四人参加了曼谷、芭提雅六日游的行程。王女士说，旅行社宣传时称航班是合作商，与其空着，不如多"捡"几个客人。看着"买一送一"，王女士与 3 个朋友就相约出行了。令王女士意想不到的是，本想着低价出去走走看看，到最后宣传单中所说的豪华六日游竟变成了"彻彻底底的购物游"。与王女士有着相似遭遇的还有广西梧州市民余先生。他春节后在昆明报名参加了昆明、大理、丽江六日游。余先生说，在报名时，销售经理解释因为春节后是淡季，680 元的价格包含火车票、酒店、吃住行和景点门票等所有费用，是亏本的。"当时冲着价格便宜，春节后正好错峰出行，以为是捡了个大便宜。"余先生说，令他没想到的是，行程中每到一处都匆匆忙忙，不仅如此，团餐和住宿条件也比较差，团餐中的汤实际上就是水和少量紫菜，很难喝。

"更糟糕的是，仅仅在大理的两天就进了七八个购物店，导游一直向我们推荐玉石和银器，我们进店不买东西导游就不肯带队离开，有一个购物店我们足足待了两个小时。"余先生说，有的团员没有购买任何东西，地接导游不仅不给好脸色，还对游客进行言语攻击。

法律条文：

《旅游法》第三十五条规定：旅行社不得以不合理的低价组织旅游活动，诱骗旅游者，并通过安排购物或者另行付费旅游项目获取回扣等不正当利益。旅行社组织、接待旅游者，不得指定具体购物场所，不得安排另行付费旅游项目。但是，经双方协商一致或者旅游者要求，且不影响其他旅游者行程安排的除外。发生违反前两款规定情形的，旅游者有权在旅游行程结束后三十日内，要求旅行社为其办理退货并先行垫付退货货款，或者退还另行付费旅游项目的费用。

 律师说法：

天下没有免费的午餐，游客要坚决抵制不合理低价游。律师介绍，签订合同中应明确线路、行程、景点、交通和食宿安排、购物次数及停留时间、双方的权利义务、违约责任等基本内容。对合同中不清楚的条款，应及时咨询，详细了解合同内容后再签字。此外，市民还应保留好宣传单、合同，索取正规发票，以便维权时提供证据，维护自身合法权益。 在旅游过程中发生旅游服务质量问题或旅游纠纷时，游客可拨打国家旅游局 12301 投诉电话进行投诉、咨询，同时也可以直接向旅游质监部门投诉。

11. 老年人参团要加价，
遇收超龄费可投诉

典型案例：

2013年9月，酷暑已过，家住北京朝阳区的张大爷开始计划出去旅游舒活舒活筋骨。翻看各旅行社的宣传单后，他精心挑选了一个3580元的去海南三亚的"经典休闲五日游"套餐。然而旅行社在查看了张大爷的身份证后，却告诉他该团对游客年龄有限制，"18岁-55岁的游客是3580元，范围之外的需要另外加钱"。算下来，张大爷共需要支付5000多元。"这也太坑人了，怎么还歧视老年人！"张大爷气愤地说。最终，张大爷考虑再三，还是放弃了三亚之行。

法律条文：

《中华人民共和国价格法》第七条规定，经营者定价应当遵循公平、合法和诚实信用的原则。第十四条第（五）项规定，经营者提供相同的商品和服务，没有正当理由，不得实行价格歧视。消费者在接受服务时，有权获得质量保障、价格合理等公平交易条件，有权拒绝经营者的强制交易行为。

《旅游法》中第十一条规定：残疾人、老年人、未成年人在旅游活动中依法享受便利和优惠。旅行社除了对老人、小孩、残疾人等提供了特殊服务，可以另行增加该部分费用外，同一旅游团队应享有同样的服务内容和同等的收费标准。

国家旅游局《旅行社条例实施细则》第三十三条中明确规定：旅行社

不得由于"旅游者存在的年龄或者职业差异"提出与其他旅游者不同的合同事项。

 律师说法:

　　旅游公司向老人收取"超龄费",从表面上来看,好像有一定的合理成份。因为老人出去旅游,由于身体条件等原因,风险比较大。而且由于行动等不便,可能会给旅行社等带来更多的麻烦。另外,由于老年人消费比较保守,可能会影响旅行社提成等收益。但这种表面上的合理性,实际上是对老年人的一种歧视。每位消费者在旅游过程中所享受的服务基本是相同的,老人、小孩也没有得到额外的服务,仅仅是因为年龄的差异,旅行社就要对其另行加价,明显存在着价格歧视。我国的《旅行社条例》明确规定,年龄或职业上的差异不能成为旅行社区别对待的理由。《条例》的实施细则中明确禁止对游客因年龄或职业差异收取附加费。国家旅游局为此也多次发布旅游服务警示,严厉叫停"附加费"。同时,这种"超龄费",也违反了《中华人民共和国老年人权益保障法》,对老年人有歧视之嫌,是明显的违法行为。我们的老年人也应该增强自我保护意识,在与旅行社签订合同时,要注意搜集证据。如果遭遇被收取"超龄费"等实际发生的费用,可向当地旅游主管部门投诉,倒逼旅游主管部门履职。

12. 拉肚子竟要查艾滋，
怀疑过度检查可申请鉴定

典型案例：

2016 年 11 月，家住陕西咸阳文汇东路 75 岁的宋老先生因犯恶心和上吐下泻被送往医院治疗，医生给做了 CT、心电图，还抽了血，检查说是急性阑尾炎，需要进行手术。但因宋老先生坚持说自己没有阑尾炎，于是住院部的医生又给检查了一下，说是肠炎。

随后经过 2 天的输液治疗后，宋老先生在办理出院手续时，发现总费用 2733.26 元，其中化验费 1498 元，且费用明细清单上显示，1498 元的化验费共包含 57 项化验名称，其中丙型肝炎 2 项化验 115 元；梅毒螺旋体特异抗体测 50 元；人免疫缺陷病毒 (艾滋)100 元，乙肝等 6 项化验 180 元。

法律条文：

《中华人民共和国侵权责任法》第六十三条规定，医疗机构及其医务人员不得违反诊疗规范实施不必要的检查。

律师说法：

《侵权责任法》第六十三条规定"医疗机构及其医务人员不得违反诊疗规范实施不必要的检查"，可是"不必要的检查"难以界定。医生在临床诊疗时带有主观性，两个同为主任医师的医生看同一个病人，开出的检查单未必相同。

河南言东方律师事务所的闫斌律师认为，病人或家属如果对某些检查有质疑，可以向医院提出异议，如果不认可医院的回复，还可向医疗卫生主管部门或者是第三方医疗机构申请鉴定。经鉴定属于过度检查的，医疗机构应当赔偿费用；如贻误了正常诊疗或造成新的人身伤害，医疗机构也应赔偿。

 特别提醒：

　　有些重复的检查是可以避免的：比如病人不久前刚在某正规医院化验过肝肾功能，再去另一家医院治疗时，就不应该再做重复化验；再比如病人如果献过血，知道自己的血型，医生就应该免除化验血型这项检查。

13. 老人疑遭误诊医院急着赔偿，
出现争议可申请鉴定

典型案例：

2014 年 2 月，北京市民张先生的母亲因高血压住进北京某三甲医院，100 天后离世。张先生等家属认为，老人虽然 85 岁了，但没有致命的恶性疾病，怎么会在这么快病情恶化到无法救治的程度？他们向院方提出质疑并申请封存了病历。张先生说，后来他们在核查病历时发现，医院可能在诊疗过程中存在严重漏诊误诊，这有可能是导致患者病情加重直至死亡的主要原因。

6 月底，医院让 ICU 科对家属做出 8 万元的经济补偿，指明是弥补在 ICU 治疗期间的过失。但老人家属坚持要求医院明确是否在诊疗过程中存在严重的漏误诊过错，随后医院的态度发生转变，改口说老人死因是重症肺炎，然后在没有进行医疗鉴定的情况下声称医院没有任何责任。在这之后，再没有给予患者家属任何新的回复。

法律条文：

如果由于医疗机构的过错造成误诊从而导致患者受到损害，根据《侵权责任法》第五十四条的规定，医疗机构需对此承担过错赔偿责任。即，医疗机构对误诊承担责任的前提条件是医疗机构或医护人员对误诊存在过错。

《职业医师法》第三十七条的规定，医师在职业活动中，利用职务之便索取、非法收受患者财务或者谋取其他不正当利益的应当给予警告，甚至是责令停止 6 个月的职业活动，情节严重的还要吊销职业医师的资格证书。

律师说法：

现实生活中，医疗事故鉴定是医患纠纷中争议最大的问题。出现医疗事故争议之后，患者及家属可要求医院内部进行医疗事故鉴定，然后双方协商解决。如果患者对协商结果不服，即可通过以下三个途径寻求解决：首先，患者可向医院所在区县的卫生行政部门申请医疗事故鉴定，然后由该部门移交医院所在区的医学会进行首次鉴定；其次，患者也可向医院所在地的人民法院提起诉讼，然后由人民法院委托医院所在区的医学会进行首次鉴定；第三，医患双方也可共同书面委托负责组织首次医疗事故技术鉴定的医学会，并提出医疗事故技术鉴定申请。

14. 预交一年款遭遇退费难，交钱时认真看合同条款

典型案例:

山东淄博市民张女士 2014 年 9 月将父亲送到某养老院，一次性交了 20400 元钱 12 个月费用，在住了 5 个月后老人因病去世，按照双方约定剩余 7 个月 11900 元钱应该予以退还，但张女士在向院方索要这笔款项时，对方却一再拖延不予退还。"交费前我们写了一份协议，其中写明如果遇到意外情况将及时退还剩余费用，但养老院却总是拖延时间。"张女士说。而养老院一负责人说，为尽快回笼资金，他们制定了交一年费用免暖气费的优惠政策。"养老院的建设初期我们投入比较大，资金周转不过来，近期会把钱退还。"经协调，养老院方面承诺尽快退还张女士剩余费用。

法律条文:

从预付款消费经营者与消费者的法律关系看，预付款消费本质上是一种合同，适用《合同法》的一般规则。《合同法》第一百零八条规定：当事人一方明确表示或者以自己的行为表明不履行合同义务的，对方可以在履行期限届满之前要求其承担违约责任。2014 年 3 月 15 日开始施行的新的《消费者权益保护法》第五十三条规定：经营者以预收款方式提供商品或者服务的，应当按照约定提供。未按照约定提供的，应当按照消费者的要求履行约定或者退回预付款；并应当承担预付款的利息、消费者必须支付的合理费用。

律师说法：

对于预存费用的纠纷，消费者与商家应根据约定履行，如果商家不按照约定履行义务，可向工商部门投诉。同时，付款方预付款后，收款方是否全面履行合同按照约定退款，只能取决于收款方是否诚信，合同风险全部转嫁到了付款方，建议大家谨慎选择预付款的交易方式。如果协商不成的，消费者可以向当地消费者协会投诉；向工商、商务等行政主管部门举报；向公安部门报案；可以向法院提起民事诉讼，要求商家承担赔偿责任等。

 特别提醒：

近几年，很多商家为吸引顾客，纷纷推出预付式消费卡，消费者先预支费用，后享受服务。无论是洗浴中心、美容美发店、干洗店、洗车店，还是健身馆等，与百姓日常生活息息相关。这种预付式消费本来是件好事，消费者可以得到折扣，商家也可以招揽更多生意，然而一些不诚信的商家导致消费纠纷不断增多，比如经营者擅自变更预付费合同条约，拒不履行之前办卡时的约定；还有的变更经营信息，搬迁、停业、装修，给消费者造成不便或损失。工商部门提醒广大消费者，办理各类预付费式消费卡一定要先把信誉好的商家，最好签订书面协议，并认真看好合同条款。

15. 老太延误送医谁之责？
养老院纠纷关键看证据

典型案例：

　　2016 年年初，年过八旬的张老太入住了北京西城区某养老中心。家人和养老中心约定，如果老太太病重或突发急症，养老中心首先要根据自身的医疗条件，采取必要的措施，同时及时通知家属将老人送往医院。如果来不及联系家属，而且老人病情危重，养老中心要立即将老人送进医院。谁也想不到这个原本只是用来"防范万一"的条款，还不到一个月的时间就派上了用场。2016 年 2 月 6 日 6 点左右，张老太说肚子疼，两个小时之后出现呕吐。在这段时间里，养老中心一直观察老人病情，但并未立即将老人送往医院。约上午 11 点，张老太的家属来到了养老中心，知情后给老人买了药，服药后情况有所好转，养老院的医护人员为老人量了几次血压。下午 5 点，老人不再呕吐，但仍然腹泻。晚 8 点左右，见老人状态越来越不好，子女们决定赶紧送医。老人入院时，已处于休克状态。张老太住院治疗至 2 月 17 日，因病重治疗无效死亡。老人的子女认为，养老院对老人的去世负有不可推卸的责任，为此，老人子女向法院提起诉讼，要求养老院承担老人死亡 70% 的责任。

　　法院审理认为，11 点之后老人家属陆续抵达养老中心后，对于是否将老人送医有完全的自主决定权。养老中心对老人死亡后果承担 5% 的轻微责任，赔偿老人家属死亡赔偿金、丧葬费、精神损害抚慰金等共计 2 万余元。

法律条文：

《侵权责任法》第六条规定：行为人因过错侵害他人民事权益，应当承担侵权责任。根据法律规定推定行为人有过错，行为人不能证明自己没有过错的，应当承担侵权责任。

《侵权责任法》第三十七条规定：宾馆、商场、银行、车站、娱乐场所等公共场所的管理人或者群众性活动的组织者，未尽到安全保障义务，造成他人损害的，应当承担侵权责任。因第三人的行为造成他人损害的，由第三人承担侵权责任；管理人或者组织者未尽到安全保障义务的，承担相应的补充责任。

《消费者权益保护法》第七条规定：消费者在购买、使用商品和接受服务时享有人身、财产安全不受损害的权利。消费者有权要求经营者提供的商品和服务，符合保障人身、财产安全的要求。

《消费者权益保护法》第十八条规定：经营者应当保证其提供的商品或者服务符合保障人身、财产安全的要求。

《合同法》第四十条规定：提供格式条款一方免除其责任、加重对方责任、排除对方主要权利的，该条款无效。

律师说法：

意外事故多发生在老人居住的房屋内，属于非公共空间，出于隐私考虑，养老机构不会、家属一般也不同意在房屋里安装摄像头，一旦发生意外，究竟是谁的责任，就更难以查清。老年人普遍还患有一种或者多种疾病，出现了事故，"多因一果"和"多因多果"的情况很多，难以界定养老院的护理行为与老年人受伤后果之间的因果关系，责任比例也不好认定。老人入住养老院而出现纠纷，甚至是老人患病、受伤乃至死亡，均属于是一种侵权纠纷。从现在市民与养老院签订的合同上看，虽然都会在事先有一些约定，但想通过这样的约定分清楚所有的责任，基本是不可能的。比如说，同样是一根香蕉，小伙子吃了，不会有任何问题，要是老人吃了，可能不会有事，但也可能就会出人命。不过，真要出了人命，谁能确认是不是这根香蕉的事？老人有没有喝凉水？晚上有没有着凉？是不是其他未知的原因造成的？细致到了这种程度的事情，靠事先的合同约定，是弄不清楚的。在这类案子里，关键在于双方能够向法庭提交的证据。

16. 住养老院 3 万元押金打水漂，签协议时要约定押金用途

典型案例：

2013 年 8 月 10 日，86 岁的河南焦作市民马先生住进了该市某老年公寓。时任院长的张某热情接待了马先生，并介绍说是开院优惠期，交 3 万元押金，以后每月交 600 元就可以入住，押金期限一年，一年后离开时原数退还。因为觉得院方说得有理，加上老年公寓的环境十分清幽，收取 600 元的价格也很划算，马先生便交纳了 3 万元钱住了下来，双方还签订了份协议。2013 年 9 月，焦作市兴业集团被查，马先生及家人这才知道，所交的 3 万元押金实则交给了兴业集团，随后，养老院的院长也换了人。马先生的家人认为，押金条上盖的是老年公寓的章，钱也是院长张某收取的，虽然院长换人，但当时院方承诺一年后退回，理应由该养老院退钱。而新院长李某表示，马先生入住老年公寓时，老年公寓是属于兴业集团所有的，法人为赵某，钱是兴业集团收的。现在兴业集团倒闭，相关人员都被抓了，李某表示自己无法退钱。

法律条文：

根据《养老机构管理办法》第十九条规定，养老机构应当依照其登记类型、经营性质、设施设备条件、管理水平、服务质量、护理等级等因素确定服务项目的收费标准。养老机构应当在醒目位置公示各类服务项目收费标准和收费依据，并遵守国家和地方政府价格管理有关规定。无论公办，还是民办养老机构都需要公示收费依据，并且遵循国家和地方标准收取费用，以实际满足养老需要。

律师说法：

　　目前我国对于养老院押金还没有明确文件规定，收取医疗押金的多少主要由入院的老人与养老院协商，以双方签订的协议为准，对于收取押金的多少以及用途，也没有规定，也处于监管"盲区"。若是老人所交押金被挪用，养老院破产后，是无法维权的。老人入住养课老院时要与养老机构签订养老协议与押金协议，约定押金的用途为老人应急、医疗所需，做到专款专用；也可以约定在第三方银行开立联名账户，以保护老人的权益。

　　综合　《福州日报》《安徽日报》《中国消费者报》《金陵晚报》《华西都市报》《北京晨报》《东方今报》《法制日报》《成都商报》《法制日报》《鲁中晨报》《国际商报》《柳州晚报》

第七章

意外伤害提醒

Yi Wai Shang Hai Ti Xing

1. 乘客猝死公交车，获赔57万元，公交出行有5条安全原则

典型案例：

2014年6月10日17时20分，佟启（化名）搭乘从上海人民广场到青浦区朱家角镇的沪朱高速快线公交车回家。18时06分许，车辆驶至青浦区境内沪青平公路时，售票员罗某在其住家附近提前下了车。18时14分许，公交车到达该次班车的终点站朱家角汽车站。佟启起身下车时，一头栽倒在座位上。当时，司机郁某已下车去交接，只有佟启一个人斜躺在座位上不停地喘息，抽搐。18时15分许，司机郁某交接完上车，在未检查车辆内是否有乘客未下车的情况下，就将车辆驶离朱家角汽车站。1分45秒后，车辆遇红灯停车，司机离开驾驶位往车厢后方走，这才发现歪倒在座位上的佟启。他推了佟启一番见没有反应，就没再理会，继续开车。直至18时38分，司机郁某才用修理厂电话报警称："在青浦汽车站，有一酒鬼叫不醒，已通知120。"随后，急救中心的医生赶到现场，发现佟启龙已无呼吸、心跳。经诊断，其死亡原因是心源性猝死。家人向公交公司索赔百万，最终法院判决由于公交公司未能及时发现，严重延误了救治佟启的宝贵时间，判定公交公司赔偿57万元。

法律条文：

《合同法》第三百零一条：承运人在运输过程中，应当尽力救助患有急病、分娩、遇险的旅客。

《侵权责任法》第三十四条：用人单位的工作人员因执行工作任务造成他人损害的，由用人单位承担侵权责任。第十六条：侵害他人造成人身

损害的，应当赔偿医疗费、护理费、交通费等为治疗和康复支出的合理费用，以及因误工减少的收入。造成残疾的，还应当赔偿残疾生活辅助具费和残疾赔偿金。造成死亡的，还应当赔偿丧葬费和死亡赔偿金。

 特别提醒：

河北秦皇岛市港城公交公司安全科副科长何峰建议，老年人公交出行应注意以下 5 条安全原则：

（1）遇高温、寒冷、大风大雨等恶劣天气，不宜出行。

（2）注意错开高峰期。

（3）公交车行驶过程中，要坐稳抓牢，不要随意离开座位、更换位置。要下车时，如果不方便按铃，也口头提醒司机，或向周围乘客求助。

（4）年事已高、行动不便、身体欠佳的老年人应有监护人陪同乘坐。

（5）患有疾病的老年人，出门前务必随身带好药物，以备不时之需。

2. 老人被撞后说"我没事"，大度放走肇事者或有风险

典型案例：

因雪天路滑，沈阳一名骑电动车男子在行驶中将一位老大爷撞倒，骑车男子随后将老人扶起，老人对撞人男子说："我没事，我有医保，你赶紧上班去吧。"然后一瘸一拐离开。如此大度的老大爷，引来网友好评无数。不过，从被撞老大爷的利益出发，这或许并不是处理被撞问题的最佳办法。老人虽然有医保，但可能并不清楚，不是任何伤病的医疗费都能从医保基金中支付的。《社会保险法》明确规定，"应当由第三人负担的医疗费用，不纳入基本医疗保险基金支付范围"。

被撞老人"自我感觉没大事"，可能根本未打算去就医。由于本案中侵权责任明确，老人却大度地放走侵权第三人，万一有事花去不菲的医疗费，却因不属于医保支付范围而遭到拒付，就会陷入尴尬，损害自身权益。基本医疗保险基金具有兜底的功能，在有侵权第三人且侵权人又有能力支付的情况下，受害人应尽量让侵权人承担赔付责任；如果侵权人拒付，医保基金照样会支付，只不过此时的支付属于垫付性质，医保基金垫付后便取得对第三人的追偿资格，以维护医保基金之公共利益。

我们在处理相撞纠纷时，应当法律的归法律，道德的归道德，既不讹人，也不为侵权人开脱责任，才是正确的做法。

法律条文：

被撞受伤的赔偿，《最高人民法院关于审理人身损害赔偿案件适用法律若干问题的解释》有如下规定：

第十七条 受害人遭受人身损害，因就医治疗支出的各项费用以及因误工减少的收入，包括医疗费、误工费、护理费、交通费、住宿费、住院伙食补助费、必要的营养费，赔偿义务人应当予以赔偿。

受害人因伤致残的，其因增加生活上需要所支出的必要费用以及因丧失劳动能力导致的收入损失，包括残疾赔偿金、残疾辅助器具费、被扶养人生活费，以及因康复护理、继续治疗实际发生的必要的康复费、护理费、后续治疗费，赔偿义务人也应当予以赔偿。

若造成死亡，则按照以下规定赔偿：

第二十七条 丧葬费按照受诉法院所在地上一年度职工月平均工资标准，以六个月总额计算。第二十八条 被扶养人生活费根据扶养人丧失劳动能力程度，按照受诉法院所在地上一年度城镇居民人均消费性支出和农村居民人均年生活消费支出标准计算。被扶养人为未成年人的，计算至十八周岁；被扶养人无劳动能力又无其他生活来源的，计算二十年。但六十周岁以上的，年龄每增加一岁减少一年；七十五周岁以上的，按五年计算。

被扶养人是指受害人依法应当承担扶养义务的未成年人或者丧失劳动能力又无其他生活来源的成年近亲属。被扶养人还有其他扶养人的，赔偿义务人只赔偿受害人依法应当负担的部分。被扶养人有数人的，年赔偿总额累计不超过上一年度城镇居民人均消费性支出额或者农村居民人均年生活消费支出额。

第二十九条 死亡赔偿金按照受诉法院所在地上一年度城镇居民人均可支配收入或者农村居民人均纯收入标准，按二十年计算。但六十周岁以上的，年龄每增加一岁减少一年；七十五周岁以上的，按五年计算。

第三十条 赔偿权利人举证证明其住所地或者经常居住地城镇居民人均可支配收入或者农村居民人均纯收入高于受诉法院所在地标准的，残疾赔偿金或者死亡赔偿金可以按照其住所地或者经常居住地的相关标准计算。

 **特别提醒：**

针对老人被撞，夸大伤情讹人和大度放弃索赔权，其实都走了两个极端。最好的办法是让证据说话，依法维护当事方正当权益。北京市海淀区交通支队

195

公主坟大队事故组组长蔡连营说，涉及老人的事故主要发生在三个时段：早上7点到8点和晚上4点到6点的早晚高峰，以及上午9点到10点的平峰时段。早晚高峰是去接送孩子或遛早，上午则是去买东西。他提醒，老年人步行或骑车时，不要心存侥幸闯红灯。

3. 餐馆摔骨折获赔三万八，
"小心地滑"不能免责

典型案例：

　　贵州省贵阳市的陈女士为丈夫举办寿宴，在饭店宴请亲友。招呼宾客时，陈女士眼见没有茶水了，便叫服务员加水。叫了几次没人回应，陈女士只好自己走进包房的备餐间找茶添水。包房的备餐间地面有水，陈女士一不小心摔倒在地，左髌骨粉碎性骨折，在医院住院治疗 19 天。经鉴定，陈女士经手术治疗后，左膝关节活动功能部分丧失，导致日常活动功能部分受限，该损伤的伤残等级评定为十级。出院后陈女士找到餐馆，要求餐馆赔偿医疗费、护理费、住院伙食补助费、营养费、误工费、伤残鉴定费、残疾赔偿金、交通费、精神抚慰金、后续治疗费等，共计 11 万余元。法院判决餐馆承担 7 成责任，餐馆赔偿陈女士 3.7 万余元，另支付精神抚慰金 1000 元。

法律条文：

　　《消费者权益保护法》第七条规定："消费者在购买、使用商品和接受服务时享有人身、财产安全不受损害的权利。消费者有权要求经营者提供的商品和服务，符合保障人身、财产安全的要求。"第十一条规定："消费者因购买、使用商品或者接受服务受到人身、财产损害的，享有依法获得赔偿的权利。"第四十一条规定："经营者提供商品或者服务，造成消费者或者其他受害人人身伤害的，应当支付医疗费、治疗期间的护理费、因误工减少的收入等费用，造成残疾的，还应当支付残疾者生活自助具费、

生活补助费、残疾赔偿金以及由其扶养的人所必需的生活费等费用，构成犯罪的，依法追究刑事责任。"

根据我国《侵权责任法》的规定，餐馆、酒店等经营场所，应当在合理限度范围内，尽到安全保障义务。但是，市民在消费场所也要注意自己的行为，避免受到伤害。

 特别提醒：

按照常人的观念，摔伤了就自认倒霉，谁让自己不小心。但是在餐厅、酒店、超市、医院、菜市场等地方摔倒要依法维权。虽然这些机构可能在相应的位置张贴了"小心地滑"等提示，但仍应采取相应措施保障公众安全，不能仅张贴提示而不尽安全保障义务，也不能因此而免除责任。

4. 老人走失养老院免责？
不公平条款无法律效力

典型案例：

　　2013 年 7 月，江苏江阴王某将其母李某送至青阳某养老院养老。2014 年 1 月 29 日，养老院通知王某，其母走失。王某报警后，次日 12 点左右，青阳派出所在辖区某村庄发现一溺亡女子，经辨认正是李某。王某等人起诉至法院，请求赔偿。养老院辩称：王某在办理送养时，既未如实告知李某的健康状况及病史情况，也未如实告知李某在送养前经常离家出走的情况，误导其接收了李某，而王某在选择服务要求时仅选择了介助型服务，直接导致了李某走失的后果。根据养老院的说法，介助型服务无专人看护，养老院无权阻止或限制李某自由，在李某外出时养老院门卫也履行了询问关照的义务，李某是意外死亡，与养老院无关，故养老院不应承担侵权责任。对此，法院审理认为，养老院存在过错，但与老人溺亡无必然因果关系，养老院应对李某的死亡承担 30% 的赔偿责任，赔偿原告王某等人因李某死亡造成的死亡赔偿金、丧葬费、受害人处理丧事的交通费共计 57248.85 元，另赔偿精神抚慰金 15000 元。

法律条文：

　　根据《最高人民法院关于审理人身损害赔偿案件适用法律若干问题的解释》第六条规定："从事住宿、餐饮、娱乐等经营活动或者其他社会活动的自然人、法人、其他组织，未尽合理限度范围内的安全保障义务致使他人遭受人身损害的，赔偿权利人请求其承担相应赔偿责任的，人民法院应予支持。"

律师说法：

敬老院接纳相关人员入住其处，安排并提供吃、住、护理等服务，这些服务明显具有社会活动的特性。敬老院从事以服务为主要内容的社会活动，负有对入住人员在合理范围内的安全保障义务，养老服务合同的"级别"高低不是免除安全保障义务的条件。

老人入住敬老院时，最重要的就是与敬老院签订书面协议，以此明确双方的权利和义务，口头的约定不具备法律效力。对于养老协议的签订，双方都应该对存在的风险进行一定的预判。家属应将老人的具体情况如实告知敬老院，并将相关服务项目的要求明明白白地写进协议中。对于潜在的危险和可能造成老人伤害的事项，养老机构有告知和警示的义务。

 **特别提醒：**

在这类纠纷中，还有一种以格式条款方式免除自身责任的服务合同纠纷。何女士一日突然接到来自父亲所在的敬老院的电话，称其父在敬老院里自杀身亡。何女士将养老院告上法庭。庭审中，敬老院辩称，双方的服务合同中明确约定不对老人自杀这类意外事件的后果承担任何责任。此案中"发生意外概不负责"的格式条款包含了明显不公平、不合理或加重对方责任、减轻或免除自身责任的内容，显然违背了公平合理的原则和法律规定，也侵害了老年人的合法权益，不能成为敬老院的免责事由。

另外，入住养老机构时，应事先对其资质等条件进行全方位的实地调查。例如，医疗护理人员和服务人员的配备是否与服务规模相适应，生活起居、文化娱乐、康复训练、医疗保健等配套服务设施是否符合规定，等等。同时，要将老人的具体情况如实告知，并将相关服务项目的要求明明白白地写进协议中，如老人是否需要定期喂药、是否有特殊需要，是否需要遵医嘱合理配餐、是否需要心理疏导、是否需要 24 小时专人陪护等，都应详细清楚地约定，以保证老人得到周到、细致的服务。

5. 老太超市摔伤担责六成，乘手扶电梯注意五点

 典型案例：

北京市海淀区 70 多岁的高老太太前往家附近的超市购物，乘坐电梯时不幸摔伤。高老太太认为超市未尽到安全保障义务，故将超市起诉至法院，要求超市赔偿医疗费、医疗辅助器具费、住院伙食补助费、营养费、护理费、交通费、精神损害抚慰金等共计 14 万余元。

超市辩称，高老太太乘坐的电梯经过了检测，电梯口贴了警示标语，标语提示老人乘坐电梯应有人陪同，禁止使用手推车。超市在老人摔倒后一分钟内停运了电梯，已尽到了安全保障义务。另外，通过监控录像可以看出，老人是被自己的购物车拽倒的，而且一手拉车，一手拿东西，没有手扶电梯，老人自身存在过错。据此，超市方不同意原告的诉请。

法院经审理后认为，根据现场勘验情况，超市乘坐电梯处至超市入口仍需经过步行楼梯或斜坡，有一定距离。因此，如电梯处出现事故，超市工作人员赶至电梯处需一定时间。同时，根据监控反映，事发当日超市内顾客较多。故在上述情况下，超市虽在电梯入口处张贴有警示标语，但该警示标语张贴位置不明显，未能充分发挥安全提示作用。针对使用购物车的顾客，特别是老人，未再进行人工提示或在电梯入口处设置阻拦设施等措施，应为未充分履行安全保障义务。法院认定超市未尽到充分防护义务，同时，高老太太年事已高，对自身安全亦应负有较高的注意义务。根据监控录像显示，高老太太在乘坐电梯时两只手均拿有物品，仅用手肘部位搭扶在电梯上，并未握紧电梯扶手，自身存在过错，对摔伤的发生应自行负担主要责任。最后，法院认定高老太太应自行承担所受损害 60% 的责任。

法律条文：

依据《中华人民共和国侵权责任法》第三十七条的规定，宾馆、商场、银行、车站、娱乐场所等公共场所的管理人或者群众性活动的组织者，未尽到安全保障义务，造成他人损害的，应当承担侵权责任。超市的经营者和管理者对前来购物的顾客负有必要的安全保障义务。同时，被侵权人对损害的发生也有过错的，可以减轻侵权人的责任。

特别提醒：

近几年，全国各地的电梯频频发生事故，电梯安全问题成为了人们日常关注的一个重点。

乘坐商场和超市的手扶电梯时一定要注意：

1. 在乘坐扶梯前应系紧鞋带，留心松散、拖曳的服饰，以防被挂拽，判断好黄色警戒线，以便最大范围踩在扶梯上，避免摔倒。

2. 乘坐扶梯时，靠右使用，右手扶着橡皮传送带上部，不要让手指、衣物接触两侧扶手带以下的部件。切忌将头部、肢体伸出扶手装置以外，尽量避免手、身体、鞋子、衣裙、物品、尖利硬物触及梳齿板，以免发生危险。

3. 切记不可在电梯旁逗留。

4. 带小孩乘坐电梯时，应时刻拉好孩子，使其处于自己的前方或右手方，自己要扶住传送带，避免发生意外。

5. 乘坐扶梯时一定不要挤上拥挤的扶梯，最好与上下台阶的其他乘客保持一到两个台阶的距离。

6. 小区散步被狗撞骨折，及时保留证据好索赔

 典型案例：

福建厦门年逾七旬的曾先生患有脑梗塞后遗症，左侧身体无力。2010年10月2日一大早，他独自在小区广场散步，被两只嬉戏的宠物狗撞倒，左腿骨折，住院77天，共花了医疗费5万余元。曾先生为此将两狗的告上法院，索赔6万余元。厦门市海沧区法院认为狗主人应承担赔偿责任；同时，曾先生患有脑梗塞后遗症，且身体左右平衡性差，在没有家人陪护的情况下独自外出，也应承担部分责任。最终，法院判决曾先生承担40%责任，两狗的主人各承担30%的责任，各赔偿曾先生1.6万余元。

法律条文：

我国《侵权责任法》第七十八条规定，饲养的动物造成他人损害的，动物饲养人或者管理人应当承担侵权责任，但能够证明损害是因被侵权人故意或者重大过失造成的，可以不承担或者减轻责任。

根据《侵权责任法》第十条：两人以上实施危及他人人身、财产安全的行为，其中一人或者数人的行为造成他人损害，能够确定具体侵权人的，由侵权人承担责任；不能确定具体侵权人的，行为人承担连带责任。

 律师说法：

"动物致人损害行为属特殊侵权行为，该类案件实行的归责原则是无过错原则，只要发生宠物犬伤人事件，对该损害结果有法律上因果关系的行为人，

不论其是否具有过错，都要承担侵权赔偿责任。"合肥市蜀山区法院研究室负责人童广飞介绍，我国《民法通则》和《侵权责任法》等多部民事法律对动物伤人案件都有明确的规定，由于受害人被饲养动物伤害时处于弱势，法院判决时常常适用举证责任倒置原则，即由被告人提供有利害关系的证据，如提不出有效免责证据，则认定被告人为赔偿责任主体。

我国法律同时规定了致害动物饲养、管理人的两种免责事由，即因受害人的过错造成损害，比如故意挑逗致害动物被咬伤，动物饲养、管理人可免责；如因第三人的过错造成损害，比如甲人挑逗乙人的宠物犬致丙人被咬伤，则应当由甲人承担赔偿责任。

 **特别提醒：**

日常生活中，已有越来越多的居民饲养宠物。养宠物尽量不要散养散放，带宠物出门也应尽量避免去人多的地方，例如商业街区、游乐场、饭店、学校等地，以免宠物伤人。

如果是宠物伤人事件的受害者，在处理好伤口后，首先要保存相关证据。自己或求助周围人员用手机进行录音、录像、拍照，并保留现场目击者的联系方式，以备诉讼时申请见证者出庭作证。另外，及时拨打110，请求警务人员进行相关调查，事后一旦发生争议，可以调取警方相关报警记录等，作为诉讼维权的证据。还要及时去医院救治，一旦双方对侵害事实发生争议，就诊记录、诊断证明、门诊病历等都可以作为证据使用。此外，还需要留存证明自己遭受损害后果的证据还有交通费票据、护理协议、误工证明等。

7. 吵了一架损失4万，
"气死人"不偿命但要赔钱

典型案例：

2016年5月14日下午4时30分，广西贵港市居民李某和妻子庞某带着孩子到一家餐厅就餐。庞某排队点餐的过程中，挎包多次刮碰到在前面排队的陈某。60多岁的陈某回头提醒庞某，并用手拍打庞某的挎包，双方发生争执，并闹到派出所。在派出所时，患糖尿病的陈某身体出现不适，提出回家休息。次日凌晨3点，陈某在家突然发病，紧急送医后抢救无效死亡。陈某的亲属认为，陈某系与李某夫妇吵架诱发疾病死亡，遂诉至法院索赔。

贵港市港北区人民法院审理认为，虽无相关的医学证据证明双方的冲突与陈某的死亡结果有必然的因果关系，但争吵与发病有关联，判决李某夫妇担责10%，赔偿陈某亲属经济损失约4.68万元。

法律条文：

根据《中华人民共和国民法通则》第一百三十二条规定，当事人对造成损害都没有过错的，可以根据实际情况，由当事人分担民事责任。

根据《侵权责任法》第二十四条规定，受害人和行为人对损害的发生都没有过错的，可以根据实际情况，由双方分担损失。

律师说法：

主审法院表示，在日常生活中，排队就餐、购买车票时，人与人之间的触碰是难以避免的，但本案被告庞某的挎包无意中触碰到老人背部之后，老人已经予以提醒，庞某未加注意又继续触碰到老人背部两次。恰巧这名老人有糖尿病，脾气也比较暴躁，导致老人动怒并引发该起纠纷。

 特别提醒：

很多人认为"气死人"不是杀人，肯定不承担杀人的责任。但这样并不见得不承担法律责任，在精神损害赔偿中，侮辱和诽谤又是侵犯名誉权的侵权责任。如果"气死人"，一旦能证明侮辱、诽谤情节严重，就要承担刑事责任和民事责任了。

因此，在生活中遇到纠纷或引发争吵，应当保持理智，得饶人处且饶人，避免矛盾进一步升级。不要图一时手痛快或嘴痛快，害了别人也害了自己。

8. 老太住院时吃香蕉窒息， 医院一次性赔偿 10 万

典型案例：

福建厦门 78 岁的洪女士摔伤住院，手术后病情稳定并在逐渐康复中，没想到却因一根香蕉而不幸去世。原来，洪女士的孩子给老人喂食了香蕉，吃完香蕉，过没多久，洪女士就出现呼吸困难现象，其孩子急忙叫来医生。

当医生赶到时，洪女士已出现意识不清的情况，医院迅速组织医护人员抢救，但最终因抢救无效，洪女士还是去世了。洪女士的亲属认为因医院治疗不当才导致死亡。医院则认为，洪女士的死亡是进食香蕉时误吸入气道致气道阻塞，最后因吸入性窒息所致。最后法院出面主持调解，双方当事人自愿达成调解协议，由医院一次性支付赔偿款10万元给洪女士家属。

法律条文：

《中华人民共和国消费者权益保护法》第十一条：消费者因购买、使用商品或者接受服务受到人身、财产损害的，享有依法获得赔偿的权利。

综合《检察日报》《南国早报》《厦门晚报》《江南晚报》《贵州都市报》《法制今报》

第八章

再就业及生活纠纷

Zai Jiu Ye Ji Sheng Huo Jiu Fen

1. 退休后工作两年工资打水漂，
再就业要签雇佣合同

典型案例：

2008年9月，退休后的张女士应聘到一家公司从事后勤工作，约定月工资为600元。张女士说，她自2008年9月到2010年12月，一直在这家公司工作，但公司只给她发放了两个月的工资。随后，她向郑州市劳动仲裁委员会申请仲裁，但仲裁委以张女士已超过法定退休年龄为由，不予受理。张女士不服，向法院提起诉讼，请求法院判令被告，支付其应得工资两万余元及同期银行存款利息；并解除与被告的劳动合同；要求被告支付经济补偿金1500元。

法院审理后认为，我国法定的企业女职工退休年龄是50周岁，原告到被告公司工作时已满50周岁，不符合建立劳动关系的主体条件，原被告之间应视为曾存在短暂劳务雇佣合同关系。张女士虽主张其自2008年9月以来，一直为被告提供劳动，但未提交有效证据证明其主张，故张女士的请求证据不足。又因双方不具备劳动关系，因此张女士有关解除劳动合同，并要求被告支付的经济补偿金的诉讼请求，缺乏法律依据。法院最终驳回了张女士的诉讼请求。

法律条文：

《中华人民共和国劳动合同法实施条例》第二十一条规定："劳动者达到法定退休年龄的，劳动合同终止。"

律师说法：

目前，我国劳动合同法未将退休再就业人员纳入保护范围，用人单位和返聘人员不能依据劳动合同法主张权利和承担义务。由于缺乏配套的老年人才市场引导机制，老年人再就业一般都是靠朋友或者熟人介绍，而通过这种"地下操作"的找工作方式，老年人十分容易吃"哑巴亏"，遭遇年龄歧视、随意解雇等问题，即使是劳动部门也很难为老年人维权。

那么，有不少退休后的老年人身体状况良好，又有一技之长，他们如果希望发挥余热，该如何保护自己的劳动权利呢？根据法律规定，像张女士这样的老年人退休后应聘，应该与用人单位签订雇佣合同，明确雇佣期间的工作内容、报酬、医疗、其他待遇等权利和义务。这样，在发生纠纷后，退休人员就可以按照我国合同法（并非"劳动合同法"）来争取权益，有关部门也可以依照相关法律和凭据断案说理了。

2. 返聘遇车祸不算工伤，
换种方式可索赔

典型案例：

北京市房山区57岁的王女士2013年退休，被单位返聘继续留下工作，负责一些人事材料的保管和查询。2014年，王女士下班途中被一辆汽车撞倒，经医院诊断为急性重型颅脑损伤，身体多处骨折，后经法医鉴定为四级伤残。事情发生后，王女士向劳动争议仲裁委提出工伤认定申请，被以超过退休年龄不予受理为由被驳回。为此，王女士一纸诉状将用人单位诉至法院，要求用人单位按照工伤保险待遇支付自己伤残补助金等各项经济损失共计20余万元。法院经审理查明，王女士在发生交通事故后，车主已经赔偿王女士各项经济损失共计18万余元。此外，王女士属于退休人员，按时领取退休金并享受基本养老保险退休待遇。房山法院经审理认为，根据《劳动合同法》规定："劳动者开始依法享受基本养老保险待遇的，劳动合同终止。"据此，法院认为，该案不受《工伤保险条例》的调整，故驳回了王女士工伤保险待遇的诉讼请求。

法律条文：

根据《劳动法》《劳动合同法》《劳动法合同法实施条例》等法律的规定，劳动者只要满足"达到法定退休年龄"和"依法享受基本养老保险待遇"的两个条件中的一个，便不再是劳动者，再就业后与用人单位形成的是劳务关系。《最高人民法院关于审理劳动争议案件适用法律若干问题的解释（三）》第七条规定："用人单位与其招用的已经依法享受养老保险待遇

或领取退休金的人员发生用工争议，向人民法院提起诉讼的，人民法院应
当按劳务关系处理"。

 律师说法：

退休老人无法得到工伤保险赔付，那么他们的人身损害由谁负责呢？劳动
争议案件的一般处理程序为：向劳动仲裁委提出申请，如不服仲裁结果，再向
法院提起劳动争议诉讼，向用人单位主张工伤保险赔付。但对于再就业的退休
老人来说这是一条死胡同。因此，建议退休老人可以以"提供劳务者受害责任
纠纷"为由直接向法院起诉，向侵权雇主索要人身损害赔偿。法院会确定双方
的过错程度，划分赔偿责任比例。只要雇主有错，老人一般都会得到赔偿。但
是，在"谁主张谁举证"的侵权诉讼中，老人要承担比较重的举证责任，即要
证明雇主存在过错，无法提供证据则很难获赔。而在劳动争议诉讼中，举证责
任则多由用人单位承担，若其无法提供证据，劳动者就会获得支持。广大老年
朋友退休后重返岗位，在与用人单位签署书面合同时，应与单位约定好明确的
工作内容、报酬、商业保险、加班费等权利义务，同时，做好相关材料的保存
工作，增强证据意识，维护好自身权益。

3. 楼上麻将声夜夜扰民，
侵犯相邻权可起诉

典型案例:

  2011年10月23日，成都市某小区居民王女士搬进了新家，没想到烦恼随之而来——楼上的麻将馆开业了，每天从下午至次日凌晨，哗啦啦的麻将声、输钱后的懊恼声、打错牌的拍桌声不绝于耳，吵得王女士难以入睡。10月底，王女士找楼上的邻居沟通未果，又找物管、城管、环保等部门，甚至报警求助，都没能从根本上解决问题，"民警来后，会消停一两天，之后就依旧如初，没有任何收敛"。

法律条文:

  根据《物权法》第七十一条的相关规定：业主行使权利不得危及建筑物的安全，不得损害其他业主的权益；业主将住宅改为经营性用房的，除遵守法律、法规以及管理规约外，应当经有利害关系业主的同意。《民法通则》第八十三条规定："不动产的相邻各方，应当按照有利生产、方便生活、团结互助、公平合理的精神，正确处理截水、排水、通行、通风、采光等方面的相邻关系。给相邻方造成妨碍或者损失的，应当停止侵害，排除妨碍，赔偿损失。"

律师说法:

  相邻权是指两个以上毗邻不动产的权利人，在行使不动产的占有、使用、收益和处分权利时，相互之间应给予方便或接受限制而发生的权利义务关系。

如果具体划分，相邻权还可分为用水、排水、邻地通行、利用相邻土地、利用采光和日照等六大种类，例如上述案例中因打麻将造成的噪音污染就属于侵害相邻权的情形，可要求对方立刻停止侵权行为，情节严重者你甚至可以上诉，要求他赔偿损失。如果自己的相邻权受到侵害，首先还是应在指出对方侵权行为的基础上，由双方协商解决，毕竟远亲不如近邻。如若无效，可请求第三方进行居中调和。如果对方依然我行我素，则可通过拨打环保热线、违建举报热线等方式向有关部门求助，甚至可以向法院起诉，维护自己的合法权利。

 **特别提醒：**

近年来，随着公众法律意识逐渐增强，邻里纠纷案件逐渐增多。北京一位陈姓老人因楼上邻居装修中电钻等发出的强烈噪音导致他突发急性心肌梗死，打官司获赔急救、医疗等费用共 1 万多元。

但邻里纠纷并非都是被侵权者一告就赢，按照相关法律规定，相邻双方也应承担一定的容忍义务。贾先生住在北京东城区一处平房大杂院内，因受不了邻居万女士在院子里种竹子将其告上了法庭。不过法院认为，万女士种植竹子不会严重影响贾先生房屋的通风及采光，不构成重大妨害，原告对被告的行为应负适度的容忍义务。因此，驳回了贾先生的诉讼请求。律师介绍，相邻双方应承担一定的容忍义务，构成相邻关系侵权责任的判断标准是"妨害行为是否超过了社会一般人的容忍程度"。

另外，北京安衡律师事务所的潘泽河律师介绍，邻居之间打官司，多输在证据不足上。被侵权者要注意保存医院诊疗书、报警记录和相应录音等相关证据。

4. 广场舞噪声扰民可投诉，高空抛物泄愤更不可取

 **典型案例：**

2016 年 9 月下旬，成都金牛区某小区花坛处，播放着阵阵轰鸣的广场舞音乐，十余身影伴着音乐扭动。他们舞得正酣时，不知从哪栋哪层楼扔出一个鸡蛋，砸在了坐在花坛边的一位七旬老人后脑勺上。附近多位居民反映，有人丢鸡蛋砸人，是因为楼下的广场舞噪声扰民。同时，小区物业方也称，此前就多次接到居民反映，小区内的广场舞噪声扰民，物业多次劝离，但屡劝不止。

对此，不少年轻人和常上晚班的居民称，广场舞噪声严重影响休息，再发生这种事将会选择报警。同时，有小区居民得知有人丢鸡蛋砸伤老人后，认为这种高空抛物砸人的做法，同样应该受到谴责。

法律条文：

我国《侵权责任法》第十六条规定："侵害他人造成人身损害的，应当赔偿医疗费、护理费、交通费等为治疗和康复支出的合理费用，以及因误工减少的收入。造成残疾的，还应当赔偿残疾生活辅助具费和残疾赔偿金。造成死亡的，还应当赔偿丧葬费和死亡赔偿金。

《环境噪声污染防治法》第六十三条第（二）项规定，医院、学校、机关、科研单位、住宅等需要保持安静的建筑物，被称作"噪声敏感建筑物"。

《社会生活环境噪声排放标准》第二条，以居民住宅、文化教育为主要功能，需要保持安静的区域，其噪声排放源边界噪声排放限值，昼间为

55 分贝，夜间为 45 分贝；而居住、商业、工业混杂区域，最大限值也不超过 60 分贝。即使是交通干线两侧区域，其噪声最大限值也不得超过 70 分贝。同时，根据规定，在每天 22 时至次日凌晨 6 时为夜间，其要求更严格，最高限值为 55 分贝。

《治安管理处罚法》也对广场舞噪声有相关规定，比如禁止公共场所使用高音喇叭、制造噪声，干扰他人生活处 200-500 元罚款。罚款，就是强制把噪音的负外部性进行内部化。

 律师说法：

根据我国《环境噪声污染防治法》等相关法律规定，广场舞的音量应控制在合适范围，应错开市民休息时间。如有居民发现广场舞等噪声扰民，可向当地环保部门反映投诉。本次事件中，最不可取的是高空抛物。故意抛物致人伤害，达到轻伤便已涉嫌故意伤害罪，而根据《侵权责任法》等法律法规，这样的行为将赔付伤者医疗、误工等费用，严重的将构成刑事犯罪。

5. 拒交物管费家里停水，
被物业断水断电可索赔

**典型案例：**

　　家住广州番禺某小区顶层房屋的刘某，因天台的使用问题与物业管理公司发生纠纷，由于没有得到妥善处理，刘某拒交物业管理费。让刘某没想到的是，物业公司竟然把他家的供水阀门给关掉并上了锁，同时还切断了他家的供电总开关。物业公司还向刘某下通知，如果在一个星期内还不交纳物业费，不但停水断电，还将对他罚款 500 元。物业公司是否有权停业主刘某的水断他家的电，并对刘某罚款呢？

法律条文：

　　根据《合同法》第一百八十二条的规定，供应电、水合同，只有在水、电使用人逾期不交付费用，经催告在合理期限内仍不交付费用和违约金的，供水、供电公司才可以按国家规定的程序中止供应水电。根据《行政处罚法》第八条的规定，罚款是行政处罚的种类之一。根据《行政处罚法》第十五条的规定，行政处罚应当由具有行政处罚权的行政机关在法定职权范围内实施。物业公司作为经营主体，不是行政机关，不具有行政处罚权，因此，没有权力对业主采取罚款措施。

律师说法：

　　小区居民水电的提供者是自来水公司和供电公司，供水供电合同的当事人也是业主与自来水公司和供电公司。因此，即使业主没有缴纳物业费或有违约行为，物业公司在任何情况下都没有权利对业主采取停水、断电的办法进行制裁。同时，根据《行政处罚法》相关规定，物业公司也无权对业主进行罚款。另外，根据《物业管理条例》的相关规定，违反物业服务合同约定，业主逾期不交纳物业服务费用的，业主委员会应当督促其限期交纳；逾期仍不交纳的，物业服务企业可以向人民法院起诉。所以，当物业公司和业主发生纠纷时，物业应该依法起诉不缴纳费用的业主，而无权单方面停水、停电。由于物业公司的行为已侵害了刘某的合法权益，刘某可要求物业公司赔偿停水、断电所造成的损失，并承担相应的责任。

 特别提醒：

　　业主与物业公司的出现权益纠纷比较多的还有电梯。2017 年年年初，北京海淀某小区居民楼传出电梯要停运的消息，原因跟物业费有关。物业公司有权关停电梯吗？律师表示，根据《物权法》规定，小区交付使用后，包括电梯在内，公用设备产权归全体业主所有。物业可以通过法律程序，向相关产权单位、产权人追索相关费用，但不能关停、弃管电梯。

6.顶层复式楼渗水，
房屋超保修期可申请质保金

典型案例：

张先生住在西安市某小区顶层的一套复式房，只要一下雨，他家屋顶就渗水，开发商派人维修了几次，可问题一直没从根本上解决。为此，张先生跑了不少腿，找小区物业和开发商常驻小区的维修人员协商过多次。物业工作人员说，漏水是在房屋质保期内出现的，而且一直没有得到修缮，这是遗留问题，应该找开发商处理。而开发商已经无法联系，只能联系到施工方，对方却以房屋已经超过了5年的质保期为由拒绝维修。

律师说法：

市民在买房时就要计算好自己房子的质保期到期时间，在房屋防水五年的质保期内，防水出现问题，一定要留好固定证据。拥有了固定证据，能够证明房屋漏水是五年质保期内损坏仍未修好，这样即便是过了五年质保期，业主还是可以找开发商协商，然后由开发商找施工方等进行维修。如果找不到开发商，可以直接找施工单位进行维修，还可以向法院提起诉讼维护自己的权益。另外，开发商在房管部门进行备案办理房产证时，会向房管部门交纳一笔质保金，如果业主因为房屋质量问题得不到维修，可以向房管部门进行投诉，申请使用这笔资金。对于超过保修期的房屋，如果出现问题，应该按照相关程序启用房屋维修资金，由业主向物业管理公司报修，物业管理公司负责修缮。作为房屋产权人的业主，对房屋应当承担一部分维修管理责任，即在保修期和保修范围之外的维修管理责任，业主可以通过委托物业管理公司来进行维修管理。

特别提醒：

对于一些已经过了保修期的商品房，如果房屋出现问题时，可以采取这样的方式解决：

（1）已缴纳大修基金的小区，可经法定程序申请动用大修基金维修。

（2）未缴纳大修基金的小区，或该部分维修不能达到使用大修基金标准的，经总人数三分之二以上的业主同意，可向全体业主筹集维修基金。

（3）无物管、也无业委会，且未缴纳大修基金的小区，可以提请居委会组织全体业主筹备维修基金。

综合《西安晚报》《法制日报》《北京晚报》《番禺日报》《华西都市报》